TIANRANQI FENBUSHI NENGYUAN CHANYE FAZHAN YANJIU

天然气分布式能源
产业发展研究

杨竞 著

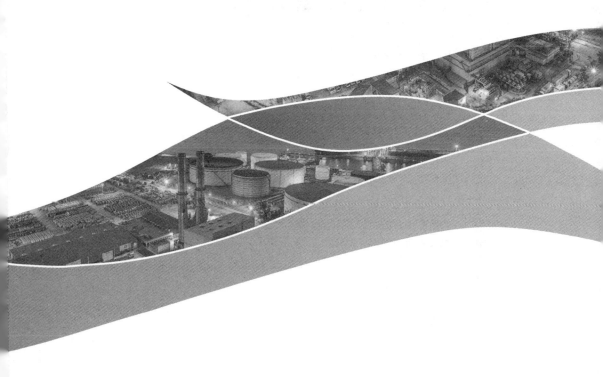

四川大学出版社
SICHUAN UNIVERSITY PRESS

项目策划：王　军　梁　平
责任编辑：梁　平
责任校对：傅　奕
封面设计：璞信文化
责任印制：王　炜

图书在版编目（CIP）数据

天然气分布式能源产业发展研究 / 杨竞著．一 成都：
四川大学出版社，2021.5
　ISBN 978-7-5690-4564-2

　Ⅰ．①天… Ⅱ．①杨… Ⅲ．①天然气工业－能源工业
－产业发展－研究－中国 Ⅳ．① F426.22

　中国版本图书馆 CIP 数据核字（2021）第 073267 号

书　名	天然气分布式能源产业发展研究
著　　者	杨　竞
出　　版	四川大学出版社
地　　址	成都市一环路南一段 24 号（610065）
发　　行	四川大学出版社
书　　号	ISBN 978-7-5690-4564-2
印前制作	四川胜翔数码印务设计有限公司
印　　刷	郫县犀浦印刷厂
成品尺寸	170mm×240mm
印　　张	9
字　　数	171 千字
版　　次	2021 年 5 月第 1 版
印　　次	2021 年 5 月第 1 次印刷
定　　价	45.00 元

◆ 读者邮购本书，请与本社发行科联系。
　电话：(028)85408408/(028)85401670/
　(028)86408023　邮政编码：610065
◆ 本社图书如有印装质量问题，请寄回出版社调换。
◆ 网址：http://press.scu.edu.cn

四川大学出版社
微信公众号

前　　言

随着资源总量、环境保护等方面的约束日益明显，我国以煤为主的能源结构与绿色、低碳、高效发展的新常态已不相适应。在"能源供给侧结构性改革"和"能源生产与消费革命"的背景下，我国政府将提高天然气在能源结构中的比重作为当前能源产业改革发展的重要内容。其中，"天然气分布式能源"是天然气的高效利用方式，在环保、灵活、安全等方面优势明显，政府明确给予鼓励，业界对该产业发展普遍看好并寄予厚望。但自2011年正式起步发展至今，该产业并未形成蓬勃发展之势，其前景引起了越来越多的担忧和质疑。针对这一现况，本书运用相关经济学理论和方法，在厘清天然气分布式能源产业发展现状的基础上，探索构建该类项目的综合经济评价体系，为政策制定和市场投资提供参考。

（1）在产业发展现状分析方面，本书首先对我国能源产业发展情况进行了梳理，重点从能源结构、能源强度、利用效率、污染物排放等角度解读了我国能源产业发展的现状、特点以及存在的问题，并结合产业政策和改革措施对能源产业发展的趋势进行了分析，指出扩大天然气利用规模并提高天然气在能源结构中的占比是我国能源供应清洁化的现实选择，加快推动天然气产业发展对于我国构建"清洁低碳、安全高效的现代能源体系"具有重要意义。

其次，本书对我国天然气产业的利用规模、资源供应、市场价格、基础设施建设等情况进行了梳理，对加大天然气应用、提高天然气利用效率、加快完善天然气供应基础设施等政策导向进行了解读。在此基础上，应用灰色系统GM（1，1）模型进行建模，预测发现我国天然气利用规模将在未来较长时间内保持快速增长，这为天然气应用产业的发展提供了较大的市场空间。

再次，根据天然气分布式能源在资源高效利用、节能减排降耗、优化能源结构、降低基建运营成本等方面的特点，本书对该产业在我国能源转型发展中的作用进行了分析。同时，在对天然气分布式能源产业发展总体情况进行梳理的基础上，以具有典型意义的上海、北京、四川为具体研究对象，对该产业的规模、结构、布局以及存在的问题进行了深入分析，发现尽管天然气分布式能源较传统供能方式在高效、环保、灵活、安全等方面具有明显优势，但目前产业发展总体上表现出外热内冷的"虚火"特征：第一，该产业的电力装机规模在全社会电力总装机容量中的占比极小，远未达到规划目标；第二，项目核准之后的实质性落地和投资建设进度普遍滞后，这与投资者踊跃申报项目形成了强烈反差；第三，产业布局明显不均衡，项目主要集中在经济发达省份及区域中心城市；第四，市场参与者主要为大型国有企业，民营企业投资意愿较弱，产业发展的实质状况与社会预期相去甚远。

通过对我国天然气分布式能源产业发展面临的主要制约因素的分析，本书进一步指出，经济可行是产业健康发展的基本条件。要改变天然气分布式能源产业发展的不利局面、促进其快速推广和发展，必须解决"项目经济性预期普遍较低"这一制约产业发展的核心问题。而经济性预期实际上是对未来情况的一种预测，其结论（经济评价结果）与经济评价方式的选择和应用密不可分。因此，建立科学的经济评价体系对于促进产业发展具有重要意义。

（2）在项目经济评价体系研究方面，本书结合天然气分布式能源项目的投资、运营、技术特性，推导了 DCF 框架下的天然气分布式能源项目净现值 NPV 指标计算公式，并将其定义为项目的"传统经济性"。进一步分析发现，传统方式在该类项目的经济评价应用上存在明显的适应性缺陷：第一，天然气分布式能源项目具有显著的外部效益，但这些外部效益并未在项目自身运营的价格要素中得以体现，传统评价方式也未对可以通过市场化补偿机制获得的额外收益加以考虑；第二，天然气分布式能源项目投资具有较大的不确定性，这些不确定性将对项目的经济回报能力造成明显影响，但传统经济评价方式并未考虑不确定性与项目经济性之间的有机关联。

在上述研究基础上，本书对天然气分布式能源项目的碳排放特性进行了分析，指出碳减排效果实质上是一种节约型"生态产品"，在市场条件下可以转化为项目的额外经济收益。由此，本书一方面将这部分额外收益定义为该类项目的"环境补偿经济性"，并基于碳减排机制和影子价格理论，推导了典型场景下该类项目碳减排量以及绿色现值 GPV 的计算公式。另一方面，根据实物期权理论，对该类项目投资运营过程中的不确定性、不可逆性、柔性经营策略等因素进行了分析，发现该类项目的实物期权特征明显，其蕴含的实物期权主要体现在投资者可以根据市场情况对项目进行处置的"放弃期权"上。本书将该实物期权对应的经济价值定义为项目的"不确定性经济性"，并进一步应用二叉树期权定价原理分析了该类项目实物期权的多期二叉树期权价值变化路径，推导了该类项目的实物期权现值 OPV 。

通过上述研究，本书在"传统经济性"基础上，对天然气分布式能源项目的经济评价方式进行了拓展，构建了"传统经济性＋环境补偿经济性＋不确定性经济性"的综合经济评价体系，并形成"净现值 NPV ＋绿色现值 GPV ＋实物期权现值 OPV "的"综合评价值 EPV "量化测算模型。实证案例分析结果表明，该评价体系和计算模型有效弥补了传统经济评价方式的适应性缺陷，有助于市场主体正确评估项目投资回报能力，增强投资意愿，促进产业发展。

（3）本书根据对天然气分布式能源产业发展和项目经济评价体系的研究结果，从制定产业规划．明确应用领域、简化审批手续，综合评估项目经济性、提升项目运营经济效益、遵守行业标准和技术规范，深化电力油气体制改革、提高储气调峰能力、发展碳交易市场、建立能效提升相关体制机制等方面提出了对策建议，为政府和投资主体提供借鉴参考。

目　　录

第一章 概论

第一节 研究背景

能源是人类生存和社会发展的基本物质要素之一,是事关发展全局和国计民生的战略性资源[①]。特别是进入 20 世纪以来,在资源数量约束问题、生态环境约束问题愈发突出的背景下,能源发展已成为牵动全球神经的一个重要命题。能源生产利用方式的变革极大地推动了人类经济社会发展,对人类的生存方式、生活质量产生了重大影响。人类社会继薪柴时代、煤炭时代之后,在 20 世纪 70 年代进入了能源利用的"油气时代"[②],这使人类可利用的能源资源总量得到了极大拓展,同时明显改善了煤炭对环境造成的高污染问题。其中,天然气在全球能源结构变革的进程中扮演着越来越重要的角色,至 2017 年天然气在全球一次能源消费中的占比已经超过了 23%,成为仅次于石油、煤炭的第三大能源[③]。

中国是世界上最大的发展中国家,世界第二大经济体,也是最大的能源消费国。我国的能源产业自身特点鲜明,在能源结构上由于先天的资源禀赋特点、产业条件,以及新中国成立后西方发达国家在石油、天然气资源、技术方面的封锁,我国逐渐形成了以煤炭为主的特殊能源结构,煤炭占全国能源消费总量的比重长期保持在 60%~70%,煤炭消耗量约占全球消耗量的一半[④]。而

[①] 许家林:《论资源性资产管理的几个问题》,《宏观经济研究》,2005 年第 1 期,第 34~37 页。

[②] 张茉楠:《未来十年中国的重要战略机遇期——资源能源战略的视角》,《发展研究》,2013 年第 3 期,第 15~18 页。

[③] BP P. L. C.:2018 BP Statistical Review of World Energy,2018.

[④] 黄杰:《中国能源环境效率的空间关联网络结构及其影响因素》,《资源科学》,2018 年第 4 期,第 759~772 页。

天然气在我国能源消费结构中的占比仅为 6% 左右，远低于 28% 左右的世界平均水平[①]。粗放、廉价的煤炭使用为我国经济过去 30 年的高速发展提供了有力支撑，但随着我国经济和社会持续发展，环境、效率对能源产业发展的约束日益凸显，以煤为主的能源结构已明显与当前绿色、低碳、高效发展的新常态不相适应[②]。其在环境污染方面的负作用十分明显，污染物超标等问题危害人民群众生命健康，严重降低了人民群众的获得感和幸福感，破坏了中国市场的投资环境和吸引力，环保问题已成为阻碍实现经济社会可持续发展的重要因素[③]。这也是党的十九大明确指出的"我国社会的主要矛盾已经转化为人民日益增长的美好生活需要和不平衡不充分的发展之间的矛盾"的具体表现之一。

在绿色发展、可持续发展的新形势下，能源产业作为经济社会发展的动力源泉，既要满足日益增长的能源保障需求，又要有效应对资源约束和环保压力，其结构必须通过改革转型变得更加科学。针对能源领域存在的问题，我国政府对能源产业发展改革的战略导向非常明确——努力构建清洁低碳、安全高效的现代能源体系，主要举措是用改革的方法推进能源供给侧的结构性调整，淘汰落后供给、压减过剩供给、扩大有效供给、优化供给结构，提高能源供给的可靠性和集约性，促进能源产业向绿色低碳转型。其中的重要内容之一，是降低煤炭在能源供应结构中的比重，大幅度提升天然气和可再生能源的使用比例，逐步建立多元化、复合型的能源供应体系[④]。由此可见，天然气作为煤炭的主要替代品和三大化石能源中最清洁的能源，将在我国的能源产业改革发展中发挥关键作用。从市场条件来看，资源紧张、价格高企、管道建设滞后等影响我国天然气利用的制约因素也已发生大幅转变[⑤]，国产常规天然气、页岩气、煤层气、进口 LNG、进口管道气等多元化的供气来源和"西气东输、北气南下、海气登陆、就近供应"的供气新格局正逐步形成[⑥]，同时在全球天然气需求增长趋缓的背景下，国际天然气供应环境将在一定时期保持宽松，价格

---

① 数据来源：国家统计局"国家数据"网站（http://data.stats.gov.cn/index.htm）。

② 王菊、于阿南、房春生：《能源革命战略背景下控制煤炭消费的困境与对策——以高比例煤炭消费的吉林省为例》，《经济纵横》，2018 年第 9 期，第 57～63 页。

③ 薛澜、翁凌飞：《中国实现联合国 2030 年可持续发展目标的政策机遇和挑战》，《中国软科学》，2017 年第 1 期，第 1～12 页。

④ 国家发展和改革委员会、国家能源局：《能源发展"十三五"规划》，2016 年。

⑤ 华贲：《中国低碳能源格局中的天然气》，《天然气工业》，2011 年第 1 期，第 7～12 页。

⑥ 叶张煌、工安建、闫强等：《全球天然气格局分析和我的发展战略》，《地球学报》，2017 年第 1 期，第 17～24 页。

处于低位周期，也为我国大力提升天然气利用规模创造了良好条件①。

大力推广天然气应用、提升天然气使用比例是我国构建清洁低碳、安全高效的现代能源体系的客观要求，它对促进节能减排、实现绿色低碳可持续发展具有重要意义。但天然气是一种相对稀缺和珍贵的资源，不应将天然气作为煤炭的简单替代品进行使用。天然气是清洁能源，但不是廉价能源，应当科学、高效利用②。因此，我国政府立足我国自身的资源禀赋和能源产业面临的问题和机遇，提出了我国天然气产业发展的主要任务之一是借鉴国际天然气产业发展经验，按照梯级利用、节约高效的原则提高天然气资源利用效率。其重要内容是在具备条件的地方因地制宜发展天然气热电联产，对具有稳定的冷、热、电负荷的区域或用户，引导和推广应用"天然气分布式能源"，并对已有的传统的集中供电、燃煤供热、燃气供电方式进行替代③。其中，天然气分布式能源是指以天然气为原料，应用燃气轮机、燃气内燃机等热动力发电设备发电，同时通过余热利用设备进行制热、制冷，以满足用户对电、热、冷等多种能源产品需求的供能方式。这种供能系统把高品质的电与低品质的冷、热三种能源产品有机统一起来，实现了能源的梯级利用，因此具有较高的能源综合利用效率，是国际公认的天然气高效利用的最佳途径。

与传统的集中供能、供电方式相比，天然气分布式能源作为新兴的能源供应方式，在资源高效利用、节能减排、削峰填谷、安全可靠、降低建设运营成本等方面均具有明显的优势④。我国政府在 2011 年出台的《关于发展天然气分布式能源的指导意见》对发展该产业提出了明确的鼓励支持意见。此后，在《天然气利用政策》《能源发展"十二五"规划》《天然气发展"十二五"规划》《能源发展"十三五"规划》《天然气发展"十三五"规划》《能源生产和消费革命战略（2016—2030)》等重要文件中，均将发展天然气分布式能源作为提高资源利用效率、优化能源供应结构的重要举措，提出要大力推广应用（见表1-1）。从发展趋势来看，天然气分布式能源作为天然气资源高效利用的供能方式，将在我国能源产业发展中扮演越来越重要的角色。

---

① 华贲：《天然气分布式供能与"十二五"区域能源规划》，华南理工大学出版社，2012 年，第115 页。
② 曾勇、张淑英：《中国全要素天然气利用效率区域差异性》，《天然气工业》，2018 年第 12 期，第 146～151 页。
③ 国家发展和改革委员会、财政部、住房和城乡建设部等：《关于发展天然气分布式能源的指导意见》，2011 年。
④ 王卫琳、李洁、赖建波等：《天然气分布式能源系统节能减排效益分析》，《煤气与热力》，2013 年第 8 期，第 23～26 页。

天然气分布式能源产业发展研究

表 1-1　我国鼓励天然气分布式能源发展主要政策文件

政策文件名称	发文机关	时间	主要内容
《关于发展天然气分布式能源的指导意见》	国家发展和改革委员会、财政部、住房和城乡建设部、国家能源局	2011.10	对天然气分布式能源的定义进行了明确，提出在"十二五"期间以及到 2020 年的项目建设目标①
《天然气发展"十二五"规划》	国家发展和改革委员会	2012.10	大力发展天然气分布式能源，加快推动示范项目建设，重申了"十二五"期间建设 1000 个示范项目和 10 个示范区域的目标②
《天然气利用政策》	国家发展和改革委员会	2012.10	将天然气分布式能源与城市居民用气、公共设施用气列为燃气保障优先类③
《能源发展"十二五"规划》	国家发展和改革委员会	2013.01	积极推广冷热电联供，根据用能需求和资源保障条件，在用能集中区域建设天然气分布式能源项目，实现天然气和电力优化互济利用④
《天然气分布式能源示范项目实施细则》	国家发展和改革委员会、国家能源局、住房和城乡建设部	2014.10	从因地制宜、规模适当、梯级利用、自主创新、系统优化等方面对天然气分布式能源示范项目评选标准进行明确，推动产业有序发展⑤
《"十三五"控制温室气体排放工作方案》	国务院	2016.10	积极发展天然气发电和分布式能源，因地制宜推广余热利用、分布式能源等低碳技术，到 2020 年天然气占能源消费比重提高到 10%左右⑥
《能源发展"十三五"规划》	国家发展和改革委员会、国家能源局	2016.12	因地制宜推广冷、热、电三联供，在工业园区推进能源综合梯级利用，加快建设天然气分布式能源⑦

---

① 国家发展和改革委员会、财政部、住房和城乡建设部等：《关于发展天然气分布式能源的指导意见》，2011 年。

② 国家发展和改革委员会：《天然气发展"十二五"规划》，2012 年。

③ 国家发展和改革委员会：《天然气利用政策》，2012 年。

④ 国务院：《能源发展"十二五"规划》，2013 年。

⑤ 国家发展和改革委员会、国家能源局、住房和城乡建设部：《天然气分布式能源示范项目实施细则》，2014 年。

⑥ 国务院：《"十二五"控制温室气体排放工作方案》，2016 年。

⑦ 国家发展和改革委员会、国家能源局：《能源发展"十三五"规划》，2016 年。

政策文件名称	发文机关	时间	主要内容
《天然气发展"十三五"规划》	国家发展和改革委员会	2016.12	借鉴国际发展经验，提高天然气发电比重，扩大天然气利用规模，鼓励发展天然气分布式能源等高效利用项目，因地制宜发展热电联产①
《能源生产和消费革命战略（2016—2030）》	国家发展和改革委员会、国家能源局	2016.12	提出积极推进天然气冷、热、电三联供，在具备条件的建筑、产业园区，充分利用天然气分布式能源建设相对独立、自我平衡的能源系统②

第二节 研究意义

天然气分布式能源产业在国外已有数十年的发展历史。由于其在节能减排、环境保护、资源高效利用方面的出色表现，在北美、欧洲、日本等发达地区得到了大量应用和推广，已具备相当的产业规模。我国政府 2011 年出台的《关于发展天然气分布式能源的指导意见》被视作该产业在我国正式起步发展的动员令和总纲领，引起了社会的强烈反响。该文件明确提出："在'十二五'期间建设 1000 个左右天然气分布式能源项目，并拟建设 10 个左右各类典型特征的分布式能源示范区域，到 2020 年，在全国规模以上城市推广使用分布式能源系统，装机规模达到 5000 万千瓦。"③ 此后，随着国家层面鼓励政策密集出台，以及雾霾问题和节能减排话题在社会舆论中的持续升温，该产业迎来了一个阶段性的快速发展期，各类投资主体表现出较大的积极性，大量项目在全国各地纷纷立项上马。

但经过数年的发展，时至今日该产业发展的实际状况并不理想，与此前的市场乐观预期形成了强烈反差。按照 2020 年全国电力总装机容量 17 亿千瓦的数据来测算，天然气分布式能源在其中的占比将达到 3%，但截至 2015 年底

---

① 国家发展和改革委员会：《天然气发展"十三五"规划》，2016 年。
② 国家发展和改革委员会、国家能源局：《能源生产和消费革命战略（2016—2030）》，2016 年。
③ 国家发展和改革委员会、财政部、住房和城乡建设部等：《关于发展天然气分布式能源的指导意见》，2011 年。

这一指标尚不到 0.1%[①]，与政府规划的发展目标相比差距巨大。此外，天然气分布式能源作为特定的能源供应形态，在上下游受到传统油气、电网两大垄断行业的制约，在项目投资运营上具有投资回报预期不理想、不确定因素多、外部条件多变的特征，加之近年来出现的"气荒"现象，导致该产业发展逐渐受到越来越多的质疑和担忧，市场投资的观望情绪浓厚。然而，在可持续发展和市场经济的战略视角下，天然气分布式能源项目是一个多重产出、多重经济来源的复合系统，也是一个投资者、市场、政府多元利益相关主体相互关联、利益协同的资本共生体，项目的"经济性"不仅仅表现为项目自身运营的能源产品收益，还需要考虑经济外部性因素的兑偿以及市场波动造成的影响。在这种背景下，本书尝试对我国天然气分布式能源产业的发展现状进行梳理，并运用投资经济学、能源经济学、环境经济学的相关方法和理论模型，该类项目经济性进行多角度的综合剖析，据此对产业发展、市场投资、政策制定提出对策建议。

本书的研究目的和意义主要体现在以下几个方面：第一，结合具体的资料信息，对我国天然气分布式能源产业发展的现状进行分析，摸清产业发展的真实情况，找准产业发展的关键障碍。第二，分析传统的经济评价方式在天然气分布式能源项目经济性评估上的适应性缺陷，并结合该类项目的自身特性及市场、政策环境，客观剖析天然气分布式能源项目投资的经济回报能力，构建适用于该类项目的综合经济评价体系。第三，给政府和市场主体提供对策建议。

---

① 冉娜：《国内外分布式能源系统发展现状研究》，《经济论坛》，2013 年第 10 期，第 174~176 页。

第二章　我国能源产业发展情况

第一节　能源的定义和分类

随着科技的进步和基础设施的完善，能源的利用方式不断演进和更新，其对社会经济发展的支撑性作用愈发明显。按照《能源百科简明词典》对能源的定义，能源是指"呈多种形式的并可以相互转换的能源源泉，是自然界中能为人类提供某种形式能量的物质资源"[①]。具体来看，能源的内涵包括几方面的内容：第一，能源是某种物质资源；第二，其可以为人类提供能量，且能量呈多种形态；第三，这些能量可直接取得，也可通过对能源资源进行加工、转换后获得。

按照能源不同的获取方式可以将能源分为一次能源、二次能源两种类型。其中，一次能源是指从自然界直接开发利用的能源资源，如煤炭、天然气、石油、水能、太阳能、生物质能、风能等；二次能源是指通过对一次能源进行加工处理转换而来的能源形态，如电力、蒸汽、成品油等。对本书的研究对象天然气分布式能源而言，天然气是一次能源，生产出的电、热（蒸汽、热水中的热量）、冷（冷水中的热量）为二次能源。

按照能源使用是否对环境产生污染可将能源分为清洁能源、非清洁能源两种类型。清洁能源与非清洁能源的界限与能源使用方式、技术以及社会在不同阶段对环保的要求均有联系，是一个相对的、可变的概念。比如，一般来说，天然气属于化石能源，在使用中（通常为燃烧）会产生二氧化碳、二氧化硫、氮氧化物和固体颗粒物等，但同煤炭、石油相比，同样能量需求条件下天然气的污染排放物明显较少，因此天然气是三大化石能源中最为清洁的一种。

[①]　庞名立、崔傲蕾：《能源百科简明词典》，中国石化出版社，2009 年，第 9 页。

第二节　我国能源产业发展概况

一、能源结构

中国是世界上最大的发展中国家，人口占全球总人口的近五分之一，为世界第二大经济体。中国也是世界上最大的能源消费国，2017年中国一次能源消费总量为3132.2百万吨油当量，占全球消费总量的23%，而同期美国的能源消费量为2234.9百万吨油当量，欧盟的能源消费量为1689.2百万吨油当量[①]。在能源结构方面，一方面，由于我国的资源禀赋特点、产业条件，以及新中国成立后西方发达国家在石油、天然气资源、技术方面的封锁，我国逐渐形成了以煤炭为主的特殊能源结构，煤炭在全国能源消费总量中所占比重长期保持在60%~70%，煤炭消耗量约占全球消耗量的一半[②]。另一方面，作为化石能源中最清洁的天然气，在我国能源消费结构中的占比仅6.4%，远低于28.1%的世界平均水平[③]。

随着资源总量、环境保护、资源利用效率等方面的约束日益增长，以煤为主的能源结构已明显与当前绿色、低碳、高效发展的新常态不相适应。目前世界发达国家的煤炭消耗量基本控制在20%以下，且有逐渐下降的趋势。为应对我国能源发展和供应面临的挑战，并满足应对气候变暖的要求，我国必须将现在仍然以煤炭为主的能源结构逐步转变为以更干净、更环保的清洁能源为主的能源结构。从2007年以来的能源结构变化趋势来看，煤炭在我国能源消费总量中的比重呈现出缓慢下降的态势（见表2-1）。

---

① BP P. L. C.：2018 BP Statistical Review of World Energy，2018.

② 杨竞、杨继瑞：《"供给侧结构性改革"背景下天然气分布式能源发展研究——以四川省为例》，《四川师范大学学报（社会科学版）》，2016年第6期，第121~126页。

③ BP P. L. C.：2018 BP Statistical Review of World Energy，2018.

表 2-1　我国能源消费总量及各类能源消费占比表①

年度	能源消费总量（单位：万吨标准煤）	各种能源消费占能源消费总量的比重（单位：%）			
		煤炭	石油	天然气	水电、核电、风电
2000	146964	68.5	22.0	2.2	7.3
2001	155547	68.0	21.2	2.4	8.4
2002	169577	68.5	21.0	2.3	8.2
2003	197083	70.2	20.1	2.3	7.4
2004	230281	70.2	19.9	2.3	7.6
2005	261369	72.4	17.8	2.4	7.4
2006	286467	72.4	17.5	2.7	7.4
2007	311442	72.5	17.0	3.0	7.5
2008	320611	71.5	16.7	3.4	8.4
2009	336126	71.6	16.4	3.5	8.5
2010	360648	69.2	17.4	4.0	9.4
2011	387043	70.2	16.8	4.6	8.4
2012	402138	68.5	17.0	4.8	9.7
2013	416913	67.4	17.1	5.3	10.2
2014	425806	65.6	17.4	5.7	11.3
2015	429905	63.7	18.3	5.9	12.1
2016	435819	62.0	18.3	6.4	13.3

二、能源强度和能源利用效率

　　能源强度、能源利用效率是衡量能源资源使用对经济产出贡献程度的指标。其中，能源强度是指生产每单位 GDP 所消耗的能源数量，能源利用效率是指能源利用过程中有用产出所蕴含的能量与投入的能源总量的比例。由于自身产业结构和利用方式的原因，我国与发达国家相比在这方面的差距十分明显。数据显示，2015 年全球平均能源强度为 0.181（单位：吨标准油/千美元，

---

　　①　数据来源：国家统计局"国家数据"网站（http://data.stats.gov.cn/index.htm）。

后同），其中，美国为 0.132，德国为 0.083，日本为 0.072，英国为 0.067，瑞士为 0.039。相比之下，中国的能源强度达到了 0.334，远高于全球平均水平，甚至高于 1980 年的全球平均水平（0.256）[①]。从能源强度的变化趋势来看，从 20 世纪 80 年代开始，资源节约、环境保护等问题越来越受到世界各国的重视，随着产业结构的不断调整和能源利用技术的进步，全球范围内的能源强度呈现出持续下降的趋势。尽管我国政府在降低能源消耗、淘汰落后产能方面采取了大量措施并取得显著成效，2015 年的能源强度（0.334）仅为 1980 年（1.752）[②] 的 19%，但仍与世界平均水平特别是发达国家有较大差距（见图 2—1）。

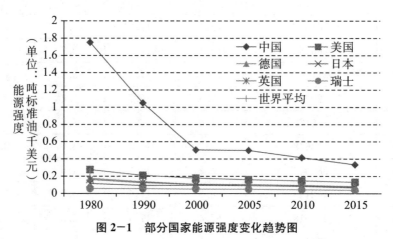

图 2—1　部分国家能源强度变化趋势图

在能源利用效率方面，由于我国的发电行业主要采用传统的燃煤、燃气发电方式，而燃煤、燃气发电机组的效率一般在 30%～50%，一半以上的能量以热能形式排入了大气，因此资源并未得到高效利用。随着我国火力发电技术的进步及资源高效利用方式的逐步推广，电力领域的能源利用效率呈现出逐年提升的态势。2002 年我国电力领域的能源利用效率为 38.67%，至 2016 年这一数据已上升到 44.60%[③]（见图 2—2）。

---

① 国家统计局能源统计司：《中国能源统计年鉴（2017）》，中国统计出版社，2017 年，第 327 页。

② 国家统计局能源统计司：《中国能源统计年鉴（2017）》，中国统计出版社，2017 年，第 327 页。

③ 国家统计局能源统计司：《中国能源统计年鉴（2017）》，中国统计出版社，2017 年，第 7 页。

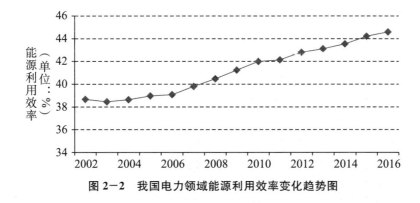

图 2—2　我国电力领域能源利用效率变化趋势图

三、污染物排放

以煤炭为主的能源结构体系对新中国成立后特别是改革开放后我国的经济高速发展提供了强有力的支撑[1]，但在环境污染方面的负作用也十分明显。雾霾、PM2.5 污染物长期超标等问题危害人民群众生命健康，严重降低了人民群众的获得感和幸福感，削弱了中国市场的投资环境和吸引力，环保问题已成为阻碍经济社会可持续发展的重要因素。以二氧化碳为例，进入 21 世纪后，在世界发达国家二氧化碳排放量稳步下降的大环境下，我国的二氧化碳排放指标仍然持续增长。自 2013 年开始，我国二氧化碳排放指标开始趋于平稳（见图 2—3），其数量基本维持在 9200 百万吨左右[2]。这一趋势的改变，表明我国在应对环境恶化、气候变暖等影响人类生存的根本性问题上采取的一系列节能减排措施（如大力发展清洁能源和可再生能源、大范围淘汰升级燃煤锅炉、鼓励推行工业节能技术改造、强化节能减排目标考核等）取得了初步成果。但按照"先易后难"的规律，我国的减排任务仍然十分艰巨，需要长期坚持和不断深化。

---

① 岳立、杨帆：《新常态下中国能源供给侧改革的路径探析——基于产能、结构和消费模式的视角》，《经济问题》，2016 年第 10 期，第 1～6、97 页。

② BP P. L. C.：2018 BP Statistical Review of World Energy，2018.

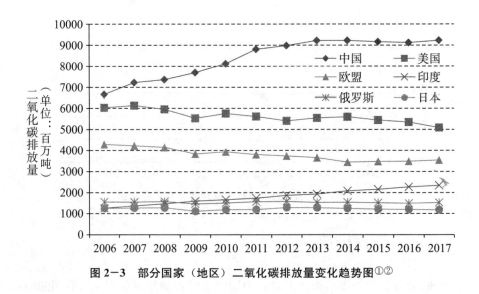

图 2—3　部分国家（地区）二氧化碳排放量变化趋势图[①②]

第三节　我国能源产业发展方向

一、能源产业供给侧结构性改革

　　长期以来，我国经济增长主要依靠出口、投资、消费"三驾马车"拉动，每当经济增长出现乏力或下降趋势，政府通常基于凯恩斯主义的理论观点从需求侧入手采取刺激政策以扩大需求，这在短期内和局部范围内起到了刺激经济增长的作用。随着金融危机之后全球经济形势的反复和我国自身资源禀赋、产业结构、增长方式的变化，近年来我国逐渐步入了"经济增长速度换挡期、结构调整阵痛期、前期刺激政策消化期"三期叠加的复杂阶段，经济社会发展面临的形势更加复杂和艰难[③]。对此，习近平总书记于 2015 年 11 月 10 日在中央财经领导小组第 11 次会议上首次提出了"供给侧结构性改革"，要求在适度扩大总需求的同时，着力加强供给侧结构性改革，着力提高供给体系质量和效率，增强经济持续增长动力，推动我国社会生产力水平实现整体跃升。

————————
　　① BP P. L. C.：2017 BP Statistical Review of World Energy，2017.
　　② BP P. L. C.：2018 BP Statistical Review of World Energy，2018.
　　③ 胡鞍钢、周绍杰、任皓：《供给侧结构性改革——适应和引领中国经济新常态》，《清华大学学报（哲学社会科学版）》，2016 年第 2 期，第 17～22、195 页。

就能源产业来看，结构性矛盾突出、环保排放压力巨大、资源利用效率不高、安全可靠性不强是当前面临的几大问题。具体体现在几个方面：一是以煤炭为主的传统能源结构性问题突出，煤炭产能过剩，大量燃煤发电机组利用小时不足，技术水平低下，设备能耗、污染物排放指标较差。二是天然气利用水平明显偏低，基础设施建设不到位、储气调峰能力不足、市场价格机制不完善等问题对扩大天然气消费形成多重制约。三是由于电力长距离输送技术和设施建设仍然滞后，西部地区充沛的水电、风电、太阳能资源未能得到充分利用，大量弃水、弃风、窝电的现象与东部地区继续上马火电项目的现象并存，同时风电、光伏发电在成本上依然不具备优势。四是电力体制改革、油气体制改革进展缓慢，在资源开发、传输、终端配售等环节的垄断情况尚未得到有效改善，市场对优化资源配置的作用发挥有限。五是资源总体利用效率不高[①]，能源强度远超世界平均水平，对清洁能源、梯级利用方式在节能减排方面的市场补偿机制尚未健全。在绿色发展、可持续发展的新形势下，能源产业作为经济社会发展的动力源泉，既要满足日益增长的能源保障需求，又要有效应对资源约束和环保压力，其改革转型迫在眉睫。针对当前存在的问题，我国能源产业供给侧结构性改革的主要内容包括优化能源供应结构、深化能源体制改革、推动产业市场化发展、完善生态补偿机制等。

二、能源生产与消费革命

对于能源产业的发展战略方向，我国政府在《能源生产与消费革命战略（2016—2030）》中明确提出了"构建清洁低碳、安全高效的现代能源体系"[②]的目标。在推进举措上主要是"四个革命、一个合作"，其具体内涵包括五个方面：一是推动能源"消费革命"，通过大力推广节能技术和实施鼓励政策，抑制不合理的能源消费增长，以对能源消费总量进行有效控制。二是推动能源"供给革命"，其主要任务是降低煤炭在能源供应结构中的比重，大幅度提升天然气和可再生能源的消费比例，逐步建立多元化、复合型的能源供应体系，提升能源保障的安全可靠系数。三是推动能源"技术革命"，以绿色、低碳、节约为导向，通过生产技术创新、装备制造创新、供能模式创新来促进产业结构

---

① 华贲：《天然气分布式供能与"十二五"区域能源规划》，华南理工大学出版社，2012 年，第 22～29 页。

② 国家发展和改革委员会、国家能源局：《能源生产和消费革命战略（2016—2030）》，2016 年。

优化和节能减排。四是推动能源"体制革命",主要任务是深化电力、油气体制改革,构建电力、油气销售领域的市场竞争体系,健全能源价格的市场化形成机制。五是加强能源"国际合作",在资源进出口、装备贸易、技术引进、全球交易市场建立运行等方面加强与世界各国的协调合作,巩固我国的能源安全体系并促进技术提升和体制改革。

在"四个革命、一个合作"之中,"供给革命"的内涵与"能源产业供给侧结构性改革"形成了高度一致。其主要目的都在于用改革的方法推进能源供给侧的结构性调整,淘汰落后供给、压减过剩供给、扩大有效供给、优化供给结构,提高能源供给的可靠性和集约性,促进能源产业向绿色低碳转型,以更好地满足经济发展和人民生活需求。而"供给革命"的首要任务与"能源产业供给侧结构性改革"也完全相同,都在于优化以煤炭为主的能源供应结构,努力减少煤炭使用,提升清洁能源在一次能源消费中的比重。在这种背景下,天然气作为三大化石能源中最为清洁的一种,理应作为煤炭的替代能源在能源产业中扮演更为重要的角色。本书的研究对象——天然气分布式能源是天然气利用的一种具体方式,其在提高资源利用效率、节能减排降耗、提高供能可靠性等方面具有明显优势,是促进天然气高效利用、扩大天然气利用规模的理想途径,对于推动"能源产业供给侧结构性改革""能源生产与消费革命",构建"清洁低碳、安全高效的现代能源体系"具有重要意义。

第三章　我国天然气产业发展情况

第一节　我国天然气产业发展概况

　　在资源环境约束日趋紧张、经济增长换挡升级的新形势下，经济社会发展将更加注重质量和效率，我国能源产业也迎来了革命性的发展机遇。天然气是能源供应清洁化的现实选择，加快推动天然气产业发展是我国推动"能源产业供给侧结构性改革""能源生产与消费革命"的重要内容，对于构建"清洁低碳、安全高效的现代能源体系"具有重要意义。对此，我国政府将"把天然气培育成我国主力能源之一"作为天然气产业发展的主要目标[①]，其中的首要任务是扩大天然气利用规模并提高天然气在能源结构中的占比。《能源生产和消费革命战略（2016—2030）》对这一目标进行了明确，提出天然气在我国一次能源消费中的占比到 2020 年达到 10％，2030 年达到 15％。

一、天然气利用规模

　　长期以来，天然气在我国的能源产业结构中比例偏低，天然气消费在能源总消费中的占比仅为 6％左右。进入 21 世纪以来，随着我国经济的持续快速增长、资源开发不断取得重大突破，在国家政策的鼓励引导下，天然气利用规模实现了持续上升。天然气消费量从 2000 年的 3233.21 万吨标准煤增长到 2016年的 27904.00 万吨标准煤，天然气在一次能源消费中的占比从 2.2％提升到 6.4％，年均增长率达到了 14.42％，超过我国 GDP 年均增长率（13.34％），并

---

　　①　国家发展和改革委员会：《天然气发展"十三五"规划》，2016 年。

远超能源消费总量年均增长率（7.03%）①（见表3－1）。目前我国已成为世界（包括欧盟）第四大、亚洲第一大天然气消费国（地区），在全球天然气消费市场的占比为6.55%②。尽管如此，我国天然气产业发展仍然大幅落后于世界平均水平，目前世界主要发达国家（地区）（特别是OECD国家）已经全面进入了"油气时代"，天然气利用的比重超过了25%③。

表3－1 我国天然气消费量、国内生产总值、能源消费总量增长表④

年度	天然气消费量 （单位：万吨标准煤）	国内生产总值 （单位：亿元）	能源消费总量 （单位：万吨标准煤）
2000	3233.21	100280.1	146964
2001	3733.13	110863.1	155547
2002	3900.27	121717.4	169577
2003	4532.91	137422.0	197083
2004	5296.46	161840.2	230281
2005	6272.86	187318.9	261369
2006	7734.61	219438.5	286467
2007	9343.26	270232.3	311442
2008	10900.77	319515.5	320611
2009	11764.41	349081.4	336126
2010	14425.92	413030.3	360648
2011	17803.98	489300.6	387043
2012	19302.62	540367.4	402138
2013	22096.39	595244.4	416913
2014	24270.94	643974.0	425806
2015	25364.40	689052.1	429905
2016	27904.00	743585.5	435819
年均增速	14.42%	13.34%	7.03%

① 数据来源：国家统计局"国家数据"网站（http://data.stats.gov.cn/index.htm）。
② BP P. L. C.：2018 BP Statistical Review of World Energy，2018.
③ 范必：《中国能源政策研究》，中国言实出版社，2013年，第5~7页。
④ 数据来源：国家统计局"国家数据"网站（http://data.stats.gov.cn/index.htm）。

二、天然气资源供应情况

我国天然气主要有三个来源：国产天然气（包括页岩气、煤层气等非常规天然气）、管道进口天然气、海上进口 LNG[1]。其中，在国产天然气方面，数据表明近年来国内天然气产量保持了稳步增长（见图 3-1），2016 年全国天然气产量为 1368.65 亿立方米，自 2000 年以来年均增长率达 10.63％，且资源开发仍处于勘探早期，截至 2016 年底全国常规天然气探明率为 14.5％，开采程度仅 3.6％[2]，预计将在较长时间内保持较快增长。在美国页岩气产业发展的带动下，我国的非常规天然气开发也得到快速发展[3]，2015 年页岩气产量为 46 亿立方米，煤层气产量为 44 亿立方米，2020 年分别达到 300 亿立方米和 100 亿立方米。总体上看，我国天然气生产已经形成了鄂尔多斯、塔里木、四川、准格尔、松辽、柴达木、渤海湾、东海和莺琼海等九大产区的生产体系[4]。

在进口资源方面，随着勘探开发技术的不断进步，中亚、美国、澳大利亚、非洲等国家和地区近年来新发现了一系列世界级的资源地，全球产量持续上升。在全球需求增长平稳的背景下，天然气价格处于低位周期，国际天然气供应环境将在一定时期内保持宽松，这为我国持续稳定引进国际资源创造了良好的外部条件[5]。到 2020 年，我国已形成国产常规天然气、页岩气、煤层气、进口管道气、进口 LNG 等多元化的供气来源和"西气东输、北气南下、海气登陆、就近供应"的供气新格局[6]，在资源总量上具备较强的综合保供能力。

---

[1] 杨竞、杨继瑞：《"供给侧结构性改革"背景下天然气分布式能源发展研究——以四川省为例》，《四川师范大学学报（社会科学版）》，2016 年第 6 期，第 121～126 页。

[2] 潘继平、杨丽丽、王路新等：《新形势下中国天然气资源发展战略思考》，《国际石油经济》，2017 年第 6 期，第 12～18 页。

[3] 我国天然气生产已经形成了鄂尔多斯、塔里木、四川、准格尔、松辽、柴达木、渤海湾、东海和莺琼海等九大产区的生产体系。

[4] 林伯强、黄光晓：《能源金融》，清华大学出版社，2014 年，第 180 页。

[5] 国家统计局能源统计司：《中国能源统计年鉴（2017）》，中国统计出版社，2017 年，第 125 页。

[6] 杨竞、杨继瑞：《"供给侧结构性改革"背景下天然气分布式能源发展研究——以四川省为例》，《四川师范大学学报（社会科学版）》，2016 年第 6 期，第 121～126 页。

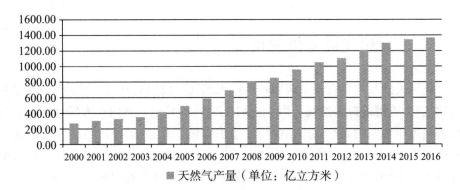

图 3-1　全国逐年天然气产量图①

三、天然气市场价格情况

在国际天然气价格方面，由于全球需求下降、美国页岩气产业快速发展以及澳洲和北美 LNG 项目陆续投运等多种因素叠加，全球天然气市场日趋宽松，已从卖方市场向买方市场转变。资料显示，全球主要国家（地区）的天然气市场价格均已从 2012 年、2013 年的历史高点进入下降通道（见图 3-2）。

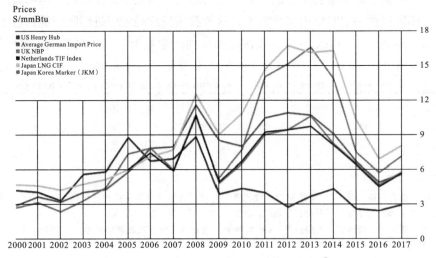

图 3-2　部分国家天然气价格变化趋势图②

在国内天然气价格方面，为了更好地适应市场供需关系变化，促进天然气

---

① 数据来源：国家统计局"国家数据"网站（http://data.stats.gov.cn/index.htm）。
② 资料来源：BP P. L. C.：2018 BP Statistical Review of World Energy，2018.

市场良性发展，我国政府近年来针对建立健全天然气价格市场机制出台了一系列改革政策，其目的是激发市场活力，充分发挥市场对资源配置的效率。2011年，广东、广西两地按照国家统一部署，率先开展天然气价格改革试点，将价格管理的环节由天然气出厂价改为门站价，并将终端定价方式由"成本加成法"改为"市场净回值法"①，建立起天然气价格与其他可替代能源商品价格相挂钩的动态调整机制。2013年，在全国范围内实行新的天然气价格形成机制，并对存量气和增量气②采取有区别的价格调整措施，此外还放开了页岩气、煤层气等非常规天然气以及液化天然气的价格，完全交由市场协商定价。2014年，国家对存量气价格进行调整并缩小存量气、增量气价差。2015年，国家再次对存量气、增量气的价格进行调整，实现两种价格并轨，全面理顺非居民天然气价格形成机制。同时对直供用户③用气价格进行市场化改革试点，放开直供用户门站价管理，由供需双方协商定价。为进一步促进天然气消费市场发展，结合能源商品价格普遍下降的市场情况，在全国范围内对非居民用气门站价格进行降价，降价幅度达 0.7 元/立方米。对非居民终端用气价格不再实行政府定价，其价格由供需双方在门站价基础上根据管道输送成本、市场供需情况协商形成。2016年，全面放开了化肥行业用气价格，在福建省开展门站价市场化形成机制改革试点，并加强对天然气输送环节价格的管理和监督。2017年，国家根据管道运输及成本下降及增值税调整等因素，再次对非居民用气门站价格进行降价，降价幅度为 0.1 元/立方米，并要求所有进入交易平台④公开交易的天然气价格均由市场形成。2018年5月，为提高居民用气价格弹性、解决居民气价与非居民气价的倒挂现象、促进天然气资源高效节约使用，政府推动居民用气价格与非居民用气价格并轨，要求居民用气价格同样采用基准门站价定价方式，在天然气价格改革上迈出了关键一步。

从改革的实际成效来看，国内天然气价格基本实现了与全球天然气价格同步波动，从 2014 年的高位进入下降通道，价格降幅明显。以四川省为例，2015 年 4 月全省天然气门站价格从 2.44 元/立方米调整为 2.35 元/立方米⑤；

---

　①　市场净回值法：是指按照终端市场消费者愿意支付的价格（相较于其他可替代商品）来定价的方法。

　②　存量气和增量气：存量气为 2012 年的实际使用气量，增量气为超出部分。

　③　直供用户：是指直接向上游天然气供应商购买天然气，用于生产或消费、不再对外转售的用户。

　④　为促进我国天然气市场与国际大宗商品市场的对接和融合，理顺价格形成机制，推动石油天然气产业健康发展，我国成立了上海石油天然气交易中心、重庆石油天然气交易中心。

　⑤　四川省发展和改革委员会：《关于理顺我省非居民用天然气价格的通知》，2015 年。

2015年11月再次下降0.70元/立方米，调整为1.65元/立方米①；2017年9月进一步下降为1.55元/立方米②；2018年6月居民用气价格并轨后门站价格统一调整为1.54元/立方米③。从全国范围看，根据各省（区、市）资源禀赋、经济条件、市场发展的不同情况，天然气门站价目前在1.04元/立方米至2.06元/立方米之间④（见表3-2）。

表3-2 我国各省（区、市）天然气门站价格表⑤

省份（区、市）	天然气基准门站价（单位：元/立方米）	省份（区、市）	天然气基准门站价（单位：元/立方米）
广东	2.06	广西	1.89
江苏	2.04	重庆	1.53
山东	1.86	天津	1.88
浙江	2.05	云南	1.60
河南	1.89	黑龙江	1.65
四川	1.54	内蒙古	1.23
湖北	1.84	吉林	1.65
河北	1.86	山西	1.79
湖南	1.84	贵州	1.60
福建⑥	—	新疆	1.04
上海	2.06	甘肃	1.32
北京	1.88	海南	1.53
安徽	1.97	宁夏	1.40
辽宁	1.86	青海	1.16
陕西	1.23	西藏⑦	—
江西	1.84		

---

① 四川省发展和改革委员会：《关于理顺我省非居民用天然气价格的通知》，2015年。
② 四川省发展和改革委员会：《关于降低我省非居民用天然气价格的通知》，2015年。
③ 四川省发展和改革委员会：《关于降低我省非居民用天然气价格的通知》，2017年。
④ 数据来源：国家发展和改革委员会网站（http://www.ndrc.gov.cn）
⑤ 数据来源：国家发展和改革委员会网站（http://www.ndrc.gov.cn）
⑥ 四川省发展和改革委员会：《关于理顺居民用气门站价格的通知》，2018年。
⑦ 目前西藏自治区管道天然气使用范围较小，未采取基准门站价定价方式。

四、天然气供应基础设施情况

天然气利用具有明显的季节性特征，调峰、备用能力是天然气产业壮大的基本保障。目前我国的基础设施建设滞后，特别是储气设施严重不足带来的调峰、备用能力低下，已成为阻碍当前我国天然气行业快速发展的重要因素。截至 2015 年，我国共计建成 11 座储气库（群），储气能力为 55 亿立方米[①]，而我国 2015 年天然气消费量为 1931.75 亿立方米[②]，储消比（储气能力占年消费量的比值）仅为 2.8%。相比之下，截至 2015 年，全球运营的储气库约 630 座，储气能力达 3588 亿立方米，储消比为 10.3%，其中美国的天然气储消比达到 15% 以上，英国、德国的储消比达到 17%～27%[③]。

根据国际天然气联盟（International Gas Union，IGU）的测算，在目前的全球资源供应状况下，若一国的天然气对外依存度超过 30%，则其储气设施的储气能力应超过年消费量的 12%，才能有效保障天然气的可靠供应[④]。2016 年我国的天然气消费量为 2078.1 亿立方米，进口量为 745.6 亿立方米[⑤]，对外依存度接近 36%。按照 12% 的储消比要求，我国的储气设施应具备 249.37 亿立方米的储气能力，而目前的实际情况与此要求差距甚远。储气设施建设严重滞后、调峰能力不足的问题已对我国的天然气产业发展造成了明显困扰，全国各地基本不具备 3 天日均用气量的储气能力[⑥]。随着我国城镇化率的不断提高和天然气应用的持续扩大，储气能力不足的形势将愈发严峻，基础设施建设任务十分艰巨。按照 2020 年天然气消费量为 3600 亿立方米来计算[⑦]，理论上我国应具备 432 亿立方米的储气能力，但立足我国基础设施建设的现实情况，国家发改委提出了到 2020 年建设实现 148 亿立方米储气能力设

---

① 王震、丛威：《加快储气库建设切实提升天然气应急调峰能力》，《中国能源报》，2016 年 8 月 22 日，第 4 版。

② 数据来源：国家统计局"国家数据"网站（http://data.stats.gov.cn/index.htm）。

③ 王震、薛庆：《充分发挥天然气在我国现代能源体系构建中的主力作用——对天然气发展"十三五"规划的解读》，《天然气工业》，2017 年第 3 期，第 1～8 页。

④ 王震、任晓航、杨耀辉等：《考虑价格随机波动和季节效应的地下储气库价值模型》，《天然气工业》，2017 年第 1 期，第 145～152 页。

⑤ 国家统计局能源统计司：《中国能源统计年鉴（2017）》，中国统计出版社，2017 年，第 125 页。

⑥ 国家发展和改革委员会、国家能源局：《关于加快储气设施建设和完善储气调峰辅助服务市场机制的意见》，2018 年。

⑦ 国家发展和改革委员会：《天然气发展"十三五"规划》，2016 年。

施的目标，即使如此，目前的实施情况仍不理想。

第二节　我国天然气产业发展方向

为加快扩大天然气利用规模，提升其在我国能源消费结构中的占比，我国政府从不同层面、多个角度推行了一系列举措。一是推广天然气应用。如在华北、长三角、成渝经济群等大气污染治理的重点区域推进"煤改气"工程[①]，提高工业生产、城镇居民生活的气化率；在城市公交车、出租车、物流配送、运输船舶等公共服务和车船高频使用场景中推广天然气（LNG）汽车、船舶应用。二是提高资源利用效率。如有序发展天然气热电联产，对具有稳定的冷、热、电负荷的用户，引导和推广建设天然气分布式能源项目；加强燃气轮机、燃气锅炉等重点装备制造的技术攻关，鼓励生产企业优化生产运行方式，降低工艺流程气耗；在天然气开发、加工、运输环节提高技术标准和管理水平，减少生产和流通过程中的"跑、冒、滴、漏"，提高资源集约使用效率。三是提高资源保障能力。如持续加大对资源勘探开发的投入，增加天然气资源自给比例，降低天然气使用的对外依存度；继续深化与中亚、俄罗斯、东南亚等国家和地区在管道天然气进口方面的合作；加快 LNG 接收基础设施建设，进一步扩大海上进口渠道，以立体的资源进口格局降低国际天然气市场风险。四是加快基础设施建设。如在新增城镇化区域适度超前建设城市燃气管网，对老旧城区的燃气基础设施进行改造升级；在储气设施投资上鼓励社会资本参与，以市场化手段调动各方积极性，尽快形成具备基本保障能力的调峰应急基础设施和调度体系，消解天然气供应的季节性瓶颈，提高安全保供水平。五是深化体制改革。如在资源勘探开发环节引入市场竞争，以完善页岩气、煤层气市场化开发机制为基础，逐步探索实行常规天然气资源竞争出让制度；推动管网运营与天然气开发、销售相分离，保持天然气管道输送的相对独立性并向市场公平开放；深化居民用气价格与非居用气价格的并轨，鼓励供需双方参与公开市场平台交易，逐步建立完善随行就市、上下游联动的市场化价格形成机制。

---

① 国务院：《关于促进天然气协调稳定发展发展的若干意见》，2018 年。

第三节　我国天然气利用规模预测

一、灰色系统 GM（1，1）模型应用基础

（一）灰色系统 GM（1，1）模型基础概念

天然气广泛应用于生活燃气、农业化肥、发电、制热、交通燃料等各类领域，影响其利用规模的因素众多，如经济规模、人口数量、天然气储量、勘探开发技术、市场价格、产业结构、城镇化率、环境状况、替代能源使用情况等。相关数据并不完整、部分信息难以量化，且各种因素之间又相互影响，由此形成了一种模糊而又复杂的关联系统。

灰色系统（Gray System）理论是我国学者邓聚龙教授于 20 世纪 80 年代提出来的专门对信息不完备的系统进行研究的数学方法[1][2][3]。该理论将内部特征完全已知的系统称作"白色系统"，将内部信息完全未知的系统称作"黑色系统"，将部分信息已知、部分信息未知或不确定的系统称作"灰色系统"，并认为尽管灰色系统中所显示的现象是模糊的，但依然是有规律的、有界的，因此可以在一定范围内对随时间发生变化的系统信息进行预测。在灰色系统预测方法上，目前使用最广泛的是 GM（1，1）模型（G 指 Gary，灰色；M 指 Mode，模型）。大量实践应用表明，当研究对象的原始序列隐含或接近指数变化规律时，GM（1，1）模型预测的结果拟合度较高，其被广泛应用于商品需求预测、价格变化预测等众多领域。天然气利用规模的信息系统同样满足灰色系统的特征，本书将应用 GM（1，1）模型对我国天然气利用规模进行建模预测。

（二）灰色系统 GM（1，1）模型结构及求解过程

设有变量 $x^{(0)} = [x^{(0)}(1), x^{(0)}(2), \cdots, x^{(0)}(n)]$ 为预测对象的原始数据数

---

① 邓聚龙：《灰色系统基本方法》，华中理工大学出版社，1987 年。
② 邓聚龙：《灰预测与灰决策》，华中科技大学出版社，2002 年。
③ 肖新平：《灰预测与决策方法》，科学出版社，2013 年。

列（n 为时间序列）。为减少随机性，增加规律性，对 $x^{(0)}$ 进行一次累加（该过程称作 Acumulated Generating Operator，1－AGO），生成一次累加序列 $x^{(1)} = [x^{(1)}(1), x^{(1)}(2), \cdots, x^{(1)}(n)]$，即：

$$x^{(1)}(k) = \sum_{i=1}^{h} x^{(0)}(i) \qquad (3-1)$$

对 $x^{(1)}$ 建立预测模型的白化方程：

$$\frac{\mathrm{d}\, x^{(1)}}{\mathrm{d}t} + a\, x^{(1)} = b \qquad (3-2)$$

这即是灰色系统 GM（1，1）模型的基本结构。

公式（3－2）白化微分方程的解为：

$$\hat{x}^{(1)}(k+1) = \left[\hat{x}^{(0)}(1) - \frac{b}{a} \right] \mathrm{e}^{-ak} + \frac{b}{a} \qquad (3-3)$$

其中，a、b 的求解公式为：

$$(a, b)^{\mathrm{T}} = (\boldsymbol{B}^{\mathrm{T}} \boldsymbol{B})^{-1} \boldsymbol{B}^{\mathrm{T}} \boldsymbol{Y} \qquad (3-4)$$

对于公式 3－4，又有：

$$\boldsymbol{B} = \begin{bmatrix} -\dfrac{1}{2}(x^{(1)}(1) + x^{(1)}(2)) & 1 \\[2mm] -\dfrac{1}{2}(x^{(1)}(2) + x^{(1)}(3)) & 1 \\[2mm] -\dfrac{1}{2}(x^{(1)}(3) + x^{(1)}(4)) & 1 \\[2mm] \cdots & \cdots \\[2mm] -\dfrac{1}{2}(x^{(1)}(n-1) + x^{(1)}(n)) & 1 \end{bmatrix} \qquad (3-5)$$

$$\boldsymbol{Y} = \begin{bmatrix} x^{(0)}(2) \\ x^{(0)}(3) \\ \cdots \\ x^{(0)}(n) \end{bmatrix} \qquad (3-6)$$

由于公式（3-3）求得的 $\widehat{x}^{(1)}(k+1)$ 是一次累加量，因此需要进行累减还原为 $\widehat{x}^{(0)}(k+1)$，计算公式为：

$$\widehat{x}^{(0)}(k+1) = \widehat{x}^{(1)}(k+1) - \widehat{x}^{(1)}(k)$$

$$= (1 - e^a)\left[x^{(0)}(1) - \frac{b}{a}\right]e^{-ak} \qquad (3-7)$$

这即是预测对象的计算公式。

在模型的精度检验上，设 $x^{(0)}(k)$ 为预测对象的原始数据数列，$\widehat{x}^{(0)}(k)$ 为预测值，则预测值残差 $\varepsilon(k)$ 的计算公式如下：

$$\varepsilon(k) = x^{(0)}(k) - \widehat{x}^{(0)}(k) \qquad (3-8)$$

又有原始数据的方差 $s_x{}^2$ 为：

$$s_x{}^2 = \frac{1}{n}\sum_{i=1}^{n}(x^{(0)}k - \bar{x})^2 \qquad (3-9)$$

其中，$\bar{x}$ 是 $x^{(0)}(k)$ 的均值。预测值残差的方差 $s_\varepsilon{}^2$ 为：

$$s_\varepsilon{}^2 = \frac{1}{n}\sum_{i=1}^{n}(\varepsilon(k) - \bar{\varepsilon})^2 \qquad (3-10)$$

其中，$\bar{\varepsilon}$ 是 $\varepsilon(k)$ 的均值。由此，可得出后验差比值 C 和小误差概率 P：

$$C = \frac{s_\varepsilon}{s_x} \qquad (3-11)$$

$$P = \{\,|\varepsilon(k) - \bar{\varepsilon}| < 0.6745\,s_x\,\} = \frac{m}{n} \qquad (3-12)$$

其中，m 是满足不等式的数据量。

按照灰色系统理论要求，一般 C 越小、P 越大，说明模拟结果离散度小、小误差频率大，模型的精确度越高。模型评价等级如表3-3所示。

表3-3　灰色系统模型评价等级表

等级	C	P
好	＜0.35	＞0.95
合格	＜0.45	＞0.80
勉强	＜0.50	＞0.70
不合格	≥0.65	≤0.70

二、我国天然气利用规模预测模型构建

(一) 生成 1−AGO 数列

模型预测对象为我国天然气利用规模，以 BP 世界能源统计年鉴中 2006—2017 年的相关数据为基础 (见表 3−4)，构建数列：

$$x^{(0)} = [x^{(0)}(1), x^{(0)}(2), \cdots, x^{(0)}(12)]$$

并按照公式 (3−1) 进行 1−AGO 计算，得到数列 (见表 3−5)：

$$x^{(1)} = [x^{(1)}(1), x^{(1)}(2), \cdots, x^{(1)}(12)]$$

表 3−4 我国天然气利用规模[①][②] (单位：十亿立方米)

序号	1	2	3	4	5	6
年份	2006	2007	2008	2009	2010	2011
需求量	59.3	71.1	81.9	90.2	108.9	135.2
序号	7	8	9	10	11	12
年份	2012	2013	2014	2015	2016	2017
需求量	150.9	171.9	188.4	194.7	209.4	240.4

表 3−5 灰色系统 GM (1，1) 模型数列表

变量名称	变量数据	变量名称	变量数据
$x^{(0)}(1)$	59.3	$x^{(1)}(1)$	59.3
$x^{(0)}(2)$	71.1	$x^{(1)}(2)$	130.4
$x^{(0)}(3)$	81.9	$x^{(1)}(3)$	212.3
$x^{(0)}(4)$	90.2	$x^{(1)}(4)$	302.5
$x^{(0)}(5)$	108.9	$x^{(1)}(5)$	411.4
$x^{(0)}(6)$	135.2	$x^{(1)}(6)$	546.6

---

① BP P. L. C.：2017 BP Statistical Review of World Energy，2017.

② BP P. L. C.：2018 BP Statistical Review of World Energy，2018.

变量名称	变量数据	变量名称	变量数据
$x^{(0)}(7)$	150.9	$x^{(1)}(7)$	697.5
$x^{(0)}(8)$	171.9	$x^{(1)}(8)$	869.4
$x^{(0)}(9)$	188.4	$x^{(1)}(9)$	1057.8
$x^{(0)}(10)$	194.7	$x^{(1)}(10)$	1252.5
$r^{(0)}(11)$	209.4	$x^{(1)}(11)$	1461.9
$x^{(0)}(12)$	240.4	$x^{(1)}(12)$	1702.3

（二）白化方程参数计算[①]

将表 3-5 中的数据代入公式（3-5）计算，有：

$$\boldsymbol{B} = \begin{bmatrix} -\dfrac{1}{2}(x^{(1)}(1)+x^{(1)}(2)) & 1 \\ -\dfrac{1}{2}(x^{(1)}(2)+x^{(1)}(3)) & 1 \\ -\dfrac{1}{2}(x^{(1)}(3)+x^{(1)}(4)) & 1 \\ \cdots & \cdots \\ -\dfrac{1}{2}(x^{(1)}(n-1)+x^{(1)}(n)) & 1 \end{bmatrix} = \begin{bmatrix} -94.9 & 1 \\ -171.4 & 1 \\ -257.4 & 1 \\ -357.0 & 1 \\ -479.0 & 1 \\ -622.1 & 1 \\ -783.5 & 1 \\ -963.6 & 1 \\ -1155.2 & 1 \\ -1357.2 & 1 \\ -1582.1 & 1 \end{bmatrix}$$

将表 3-5 中的数据代入公式（3-6），有：

[①]　数据代入 EXCEL 软件计算，为与样本数据一致，天然气利用数量计算结果均保留小数点后一位。

$$Y = \begin{bmatrix} x^{(0)}(2) \\ x^{(0)}(3) \\ \cdots \\ x^{(0)}(12) \end{bmatrix} = \begin{bmatrix} 71.1 \\ 81.9 \\ 90.2 \\ 108.9 \\ 135.2 \\ 150.9 \\ 171.9 \\ 188.4 \\ 194.7 \\ 209.4 \\ 240.4 \end{bmatrix}$$

将上述计算结果代入公式（3-4）计算，有：

$$(a,b)^{\mathrm{T}} = (\boldsymbol{B}^{\mathrm{T}}\boldsymbol{B})^{-1}\boldsymbol{B}^{\mathrm{T}}\boldsymbol{Y} = (-0.1112, 70.2922)$$

因此

$$a = -0.1112 \qquad b = 70.2922$$

（三）确定预测模型

将 a、b 值代入公式（3-3），有：

$$\hat{x}^{(1)}(k+1) = \left[\hat{x}^{(0)}(1) - \frac{b}{a}\right]\mathrm{e}^{-ak} + \frac{b}{a}$$

$$= 691.5285\,\mathrm{e}^{-0.1112k} - 632.2285$$

按照公式（3-7）累减还原，得：

$$\hat{x}^{(0)}(k+1) = (1-\mathrm{e}^{a})\left[x^{(0)}(1) - \frac{b}{a}\right]\mathrm{e}^{-ak} = 72.7653\,\mathrm{e}^{0.1112k}$$

（四）模型精度检验

将 $k=1$，2，3，$\cdots$，12 分别代入上述表达式计算，得到 2007—2017 年的模拟数据，加上 $\hat{x}^{(0)}(1) = x^{(0)}(1)$，可得数列：

$$\hat{x}^{(0)} = [\hat{x}^{(0)}(1), \hat{x}^{(0)}(2), \cdots, \hat{x}^{(0)}(12)]$$

通过将 $\hat{x}^{(0)}$ 与原始数据 $x^{(0)} = [x^{(0)}(1), x^{(0)}(2), \cdots, x^{(0)}(12)]$ 比对，可得到模拟数据的残差（见表 3-6）。

表3－6　灰色系统GM（1，1）模型预测检验数据表

年度	变量名称	模拟数据	原始数据	残差
2006	$\hat{x}^{(0)}(1)$	59.3	59.3	0
2007	$\hat{x}^{(0)}(2)$	81.3	71.1	－10.2
2008	$\hat{x}^{(0)}(3)$	90.9	81.9	－9.0
2009	$\hat{x}^{(0)}(4)$	101.6	90.2	－11.4
2010	$\hat{x}^{(0)}(5)$	113.5	108.9	－4.6
2011	$\hat{x}^{(0)}(6)$	126.9	135.2	8.3
2012	$\hat{x}^{(0)}(7)$	141.8	150.9	9.1
2013	$\hat{x}^{(0)}(8)$	158.5	171.9	13.4
2014	$\hat{x}^{(0)}(9)$	177.1	188.4	11.3
2015	$\hat{x}^{(0)}(10)$	197.9	194.7	－3.2
2016	$\hat{x}^{(0)}(11)$	221.2	209.4	－11.8
2017	$\hat{x}^{(0)}(12)$	247.2	240.4	－6.8

将表3－6数据代入公式（3－9）、公式（3－10）、公式（3－11）计算，有：

$$C = \frac{s_\varepsilon}{s_x} = \sqrt{\frac{\frac{1}{n}\sum_{i=1}^{n}(\varepsilon(k) - \bar{\varepsilon})^2}{\frac{1}{n}\sum_{i=1}^{n}(x^{(0)}k - \bar{x})^2}} = 0.16$$

将表3－6数据代入公式（3－12）计算，有：

$$P = \{|\varepsilon(k) - \bar{\varepsilon}| < 0.6745 s_x\} = \frac{m}{n} = 1$$

将$C=0.16$、$P=1$代入表3－3的等级标准进行对照，满足等级"好"的要求，说明该模型预测数据精度符合要求，结论较好。

三、我国天然气利用规模预测结论

应用灰色系统预测模型对2018—2030年我国天然气利用规模进行预测，结果如表3－7所示。

表 3-7 我国天然气利用规模预测表（单位：十亿立方米）

年度	2018	2019	2020	2021	2022	2023	2024
预测数据	276.3	308.8	345.1	385.7	431.0	481.7	538.4
年度	2025	2026	2027	2028	2029	2030	
预测数据	601.7	672.4	751.5	839.9	938.6	1049.0	

从 2018—2030 年我国天然气利用规模变化趋势（见图 3-3）来看，天然气利用保持稳定持续上升，到 2030 年将达到 10490 亿立方米，年均增长率为 10.81%，表明我国天然气应用产业发展有着巨大的市场空间。

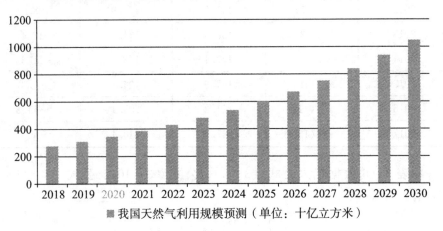

图 3-3 我国天然气利用规模变化趋势预测图

第四章　我国天然气分布式能源产业发展情况

第一节　天然气分布式能源的定义

一、分布式能源的定义

按照世界分布式能源联盟（World Alliance Decentralized Energy，WADE）的定义，分布式能源（Distributed Energy System，DES）是指安装在用户端的高效的冷、热、电联供系统，其起源于19世纪80年代的美国（美国的部分工厂最初利用自身生产的余热来发电和制热，逐渐产生了热电联产；随着余热利用技术的不断发展，在热电联产的基础上进一步将余热利用于制冷，就出现了冷、热、电三联供，即分布式能源）。

我国政府对分布式能源的定义最早由国家发展和改革委员会于2004年在《关于分布式能源系统有关问题的报告》中加以明确：分布式能源是利用小型设备向用户提供能源供应的新的能源利用方式[①]。该报告并且指出，"分布式能源可以有效实现能源梯级利用"，"热电联产是目前典型的分布式能源利用方式"，"（可以）达到更高的能源综合利用效率"。综合来看，分布式能源的确切内涵应包括几个方面的内容：一是靠近用户，就近供应能源；二是实现能源的梯级利用，向用户提供电、热、冷等多种能源产品；三是能源综合利用效率较高。随着近年来分散式风力发电、光伏发电等能源供应方式的快速发展，利用可再生能源进行发电，并且靠近用户侧、电量向用户直供就近消纳的分散式发电方式也被纳入了广义分布式能源的范畴。

---

① 国家发展和改革委员会：《关于分布式能源系统有关问题的报告》，2004年。

二、天然气分布式能源的定义和分类

天然气分布式能源是分布式能源的一种，是指以天然气作为能源原料的分布式能源系统，通常又被称作天然气冷、热、电三联供系统（Combined Cooling, Heating and Power, CCHP）。其工作原理是以天然气为原料，应用燃气轮机、燃气内燃机等热动力发电设备发电，同时通过余热利用设备（如余热锅炉、换热器、吸收式制冷机等）进行制热、制冷，以满足用户对电、热、冷等多种能源产品的综合需求。这种供能系统由于把高品质的电与低品质的冷、热三种能源产品有机统一，实现了能源的梯级利用，因此具有较高的能源综合利用效率，是国际公认的天然气高效利用的最佳途径[1]。我国政府对此做出了明确定义：天然气分布式能源是指利用天然气为燃料，通过热电冷三联供等方式实现能源的梯级利用，综合能源效率在 70% 以上，并在负荷中心就近实现能源供应的现代能源供应方式，是天然气高效利用的重要方式[2]。天然气分布式能源是分布式能源领域的核心应用方式，由于天然气是不可再生能源，因此相比于其他以可再生能源（风能、太阳能、生物质能）为原料的分布式能源系统，天然气分布式能源在资源高效利用方面的价值更为重要。

根据能源供应的产品结构、供能范围、用户性质不同，天然气分布式能源可分为多种类型。按产品结构划分，其可分为热电联产型、冷电联产型、冷热电三联供型。随着社会能源需求的不断演变，甚至出现了供电、供蒸汽、供暖、供生活热水、供空调制冷的"五联供"模式[3]。但无论哪种类型均需具备发电和余热利用两个供能环节。按供能范围划分，天然气分布式能源可分为单点型和区域型。其中，单点型项目主要是针对用能负荷稳定、用能结构合理、具有一定规模的单体用户，区域型项目主要应用于城市、工业园区中用能较为集中的区域。一般情况下，区域型项目由于具有更多的用户，在能源需求波动上更加均衡和平滑。按用户性质划分，天然气分布式能源可分为工业型和商业型两类，工业型项目的供能对象主要为食品、酿酒、汽车、精密制造、数据中心等用热、用电、用冷需求较大的工业用户，商业型项目（也称作楼宇型项

---

① 杨竞、杨继瑞：《"供给侧结构性改革"背景下天然气分布式能源发展研究——以四川省为例》，《四川师范大学学报（社会科学版）》，2016 年第 6 期，第 121~126 页。

② 国家发展和改革委员会、财政部、住房和城乡建设部等：《关于发展天然气分布式能源的指导意见》，2011 年。

③ 邹春蕾：《我国首座五联供分布式能源站启动》，《中国电力报》，2014 年 8 月 19 日，第 7 版。

目）的供能对象主要为学校、医院、酒店、商业综合体等制冷、制热需求旺盛的用户（见表4-1）。相比而言，工业型项目的体量通常更大，而商业型项目的经济效益更好。

表4-1 天然气分布式能源应用类型表

应用类型	供能对象
单点型	用能负荷稳定、用能结构合理、具有一定规模的单体用户
区域型	城市、工业园区中用能负荷较为集中的区域
工业型	食品、酿酒、汽车、精密制造等热、电需求较大的工业用户
商业型	学校、医院、酒店、商业综合体等制冷、制热需求旺盛的用户

第二节 新形势下发展天然气分布式能源的意义

我国天然气利用规模将在较长时间内持续扩大，这为我国天然气应用产业提供了巨大的发展空间。值得注意的是，尽管天然气是我国优化以煤炭为主的能源结构、构建"清洁低碳、安全高效的现代能源体系"的主力能源，但其仍然是相对稀缺的资源，将天然气作为煤炭的简单替代品进行使用的做法是错误的，应当科学、高效利用。因此，我国天然气产业发展的重要方向之一是借鉴国际天然气产业发展经验，大力推广天然气的高效利用方式。

天然气分布式能源正是国际公认的天然气高效利用的最佳途径。与电网集中供电、分散供热（供冷）的传统供能方式相比，这种新兴的能源供应方式还在节能减排、能源负荷削峰填谷、安全可靠、降低建设运营成本等方面具有明显优势。在"能源产业供给侧结构性改革"和"能源生产与消费革命"背景下，大力发展天然气分布式能源对于促进天然气利用规模提升，提高资源利用效率，促进能源产业向绿色、低碳、集约转型发展具有重要意义。

一、有利于提高资源利用效率

单纯就发电效率、供热效率而言，集中式、大规模的供能方式具有更高的能源利用效率。如在发电领域，大机组比小机组具有更高的发电效率，在供热领域，大容量锅炉比小容量锅炉具有更高的制热效率。但从能源终端利用的角度来看，由于供能半径的限制，发电后的余热无法得到有效的梯级利用，因此与天然气冷、热、电三联供系统相比，传统的集中式供能方式在能源综合利用效率上明显较低，即便采用目前最先进的天然气发电技术，其发电效率也仅为60%左右[1]。而天然气分布式能源系统由于将天然气发电与余热利用等技术集成，向用户提供一揽子的电、热、冷产品，实现了能源的梯级利用，因此在能源利用效率上明显更优。按照国家发改委对该类项目的技术标准要求，其能源综合利用率必须达到70%以上[2]，在具体实践中大部分的项目均达到80%以上，甚至达到90%以上。由此可见，天然气分布式能源的应用和推广对于提高天然气资源利用效率具有重大意义。

二、有利于构建绿色低碳的能源结构

天然气分布式能源在环保方面优势突出，主要体现在减排、节能、降耗等几个方面。第一，天然气分布式能源作为新兴供能方式，其在国内应用的重要场景是对传统燃煤锅炉集中、分散供热进行替代。天然气的主要成分是甲烷（CH_4），煤的主要成分是碳（C），在分子结构上甲烷具有更多的氢元素，在燃烧过程中会产生大量的水蒸气（H_2O）和更少的二氧化碳（CO_2），在产生相同热量的情况下，天然气燃烧产生的二氧化碳比燃煤要少45%[3]。同时，天然气燃烧排放的二氧化硫、氮氧化物和固体颗粒物也大幅下降[4]。此外，天然气分布式能源采用的吸收式制冷技术还可以避免传统空调对氟利昂的使用。由此可见，该产业对于减少大气污染物排放十分有利。第二，由于采用了梯级利用的供能方式，资源利用效率更高，因此与单纯的直接燃烧发电、制热或制冷相比，同样数量的天然气资源通过天然气分布式能源系统将产生更多的能源产品（蕴含的能量更大）。换言之，在同样的能源产品需求条件下，采用天然气分布式能源系统供能，浪费的能量更少，所需要的天然气资源量也更少，具有

---

① 林世平：《燃气冷热电分布式能源技术应用手册》，中国电力出版社，2014年，第12页。

② 国家发展和改革委员会、国家能源局、住房和城乡建设部于2014年10月印发的《天然气分布式能源示范项目实施细则》规定：天然气分布式能源是指利用天然气作为燃料，通过冷、热、电三联供等方式实现能源的梯级利用，综合能源利用效率在70%以上，并在负荷中心就近实现能源供应的现代能源供应方式，是实现天然气高效利用和结构优化的重要途径。

③ 王侃宏、袁晓华、刘宇等：《天然气分布式能源系统碳减排分析》，《科技创新与应用》，2013年第7期，第118~119页。

④ 王卫琳、李洁、赖建波等：《大然气分布式能源系统节能减排效益分析》，《煤气与热力》，2013年第8期，第23~26页。

明显的节能效益。第三，集中供能方式需要远距离传输能源，无法避免传输过程中的能量损失。天然气分布式能源系统均建在用户附近，实行就近供能、就近消纳，可有效减少传统电网、热网远距离输送的能量损耗[1]。

三、有利于增强能源供给的稳定性

天然气分布式能源作为新兴的能源供应方式，是传统供能方式的有益补充，其在提高能源供应保障的稳定性方面的作用主要体现在平衡能源供应负荷峰谷波动、提高能源供应安全性两个方面。

（一）平衡能源供应负荷峰谷波动

我国大部分地区都存在电力、天然气使用的季节性峰谷差。对于传统的集中供电、以电制冷的方式而言，夏季既是全社会的用电高峰也是用气低谷。推广采用天然气分布式能源供能，一方面，在天然气发电的同时利用余热进行制冷，不仅可以增加电源供应，又可替代原有电空调制冷，降低用电峰值负荷，从而有效缓解夏季用电高峰对电力输配系统的脉冲式冲击。同时，这种供能模式增加了夏季天然气使用，减少了天然气需求的季节性波动，提高了天然气供应设施的使用效率，有利于天然气供需的平衡稳定。另一方面，天然气分布式能源的削峰填谷作用还体现在昼夜电力的平衡上，由于该类项目具有运行灵活、启停快速的特点，可以在白天用电高峰使用天然气发电来缓解用电紧张，在夜间停发或少发，让位于电网电力的消纳。综合来看，天然气分布式能源对电力和燃气负荷具有季节性和昼夜性削峰填谷的双重作用[2]。

（二）提高能源供应安全性

在传统的供能模式下，用户或区域的用电负荷由电网集中供应，用热负荷由燃煤锅炉或燃气锅炉供应，用冷负荷由电网供电制冷，方式单一，能源供应的安全性和可靠性较低。如 2008 年 2 月美国佛罗里达州、2012 年 7 月印度北部地区和东部地区出现的大范围停电事件，都是因为电网某一处的故障导致的全网大面积瘫痪，均造成了城市运转的混乱和严重的经济损失。而对于天然气

---

① 杨竞、杨继瑞：《"供给侧结构性改革"背景下天然气分布式能源发展研究——以四川省为例》，《四川师范大学学报（社会科学版）》，2016 年第 6 期，第 121～126 页。

② 付林、李辉：《天然气热电冷联供技术及应用》，中国建筑工业出版社，2007 年，第 1～7 页。

分布式能源而言，其特点是靠近用户、分散运转，在供电上优先向用户直供，并同电网互联形成实质上的双电源保障；在供热上通常使用燃气锅炉与发电余热锅炉相配套，用于调峰和备用；在供冷上吸收式制冷设备与传统电制冷设备形成互补。因此，天然气分布式能源在电、热、冷等能源供应上均有多路保障，提高了供能的可靠性和安全性。

四、有利于降低基础设施投入成本

由于天然气分布式能源系统需要集成发电、制热、制冷等多种设备，仅从供能单位造价（每千瓦发电容量造价）来看，该类项目的投资建设成本高于单纯的天然气发电项目。但是，与传统的电网集中式供电方式相比，天然气分布式能源由于靠近用户侧，所生产的能源产品就近消纳，不需要建设远距离、高电压、跨区域的电力传输通道，因此在能源基础设施建设上周期更短、能源系统的整体成本更低。同时，在传统集中供能模式下，当出现一定体量的新增用户和负荷时，必须通过对输配电网络进行整体改造升级来保障能源供应，这往往需要投入巨额资金。而对于小型化、模块化的天然气分布式能源而言，可简单地在用户侧增加发电、制热、制冷设备，在供能保障上更加节约和灵活。

第三节　我国天然气分布式能源产业发展现状

一、国外天然气分布式能源产业发展情况

天然气分布式能源产业发展在国外起步较早，在北美、欧洲、日本等发达地区发展十分迅速，已具备相当的产业规模。美国是世界上最早推广应用热电联产的国家[1]，页岩气革命的成功对美国天然气分布式能源产业的高速发展产生了巨大的推动作用。根据美国国家能源部的数据，截至 2016 年底，美国纳入统计的分布式能源站有 4385 座，总装机容量约为 8259 万千瓦（见表 4—2），

---

[1] 蒋惠琴：《美国分布式能源发展及政策分析》，《科技管理研究》，2014 年第 12 期，第 19～22页。

发电量占全国总发电量的 8%①。根据美国政府规划，到 2030 年美国分布式能源装机容量将占全美发电机组总装机容量的 20%，预计约 2.4 亿千瓦②。丹麦是世界上环保要求最高、能源利用效率最高的国家，其分布式能源应用在发电总量中的占比达 53%③。荷兰 40% 的电力来自天然气冷、热、电三联供系统④。

表 4-2　2016 年美国各地区分布式能源项目数量及电力装机容量表⑤

地区	项目数量	电力装机容量（单位：万千瓦）	地区	项目数量	电力装机容量（单位：万千瓦）
California	1217	858.43	Mississippi	23	52.70
Oregon	56	206.97	Hawaii	10	43.66
Washington	35	105.20	Michigan	87	338.15
Idaho	22	21.26	New York	631	559.12
Nevada	14	31.56	Vermont	34	2.01
Montana	16	7.26	New Hampshire	17	4.68
Wyoming	11	17.03	Maine	38	93.27
Utah	22	28.86	Massachusetts	224	170.13
Arizona	12	8.29	Connecticut	188	74.03
Colorado	26	50.79	Rhode Island	28	13.25
New Mexico	9	19.99	Indiana	37	245.66
Alaska	158	50.50	Ohio	65	53.19
North Dakota	12	16.54	Pennsylvania	168	293.79
South Dakota	5	2.42	New Jersey	238	311.45
Nebraska	15	10.65	West Virginia	10	27.68
Kansas	20	18.93	Maryland	37	66.75

① 吴晓清、叶彩花、王根军等：《美国天然气分布式能源发展的影响因素分析及借鉴》，《环境保护》，2018 年第 2 期，第 71~75 页。
② 国家发改委经济运行调节局、国家电网公司营销部、南方电网公司市场营销部：《分布式能源与热电冷联产》，中国电力出版社，2013 年，第 5 页。
③ 冉娜：《国内外分布式能源系统发展现状研究》，《经济论坛》，2013 年第 10 期，第 174~176 页。
④ 崔民选、王军生、陈义和：《中国能源发展报告》，社会科学文献出版社，2013 年，第 187 页。
⑤ 数据来源：U. S. DOE Combined Heat and Power Installation Database 网站（https://doe.icfwebservices.com/chpdb，美国国家能源部 U. S. Department of Energy 主办）。

续表

地区	项目数量	电力装机容量（单位：万千瓦）	地区	项目数量	电力装机容量（单位：万千瓦）
Oklahoma	10	54.59	Kentucky	11	14.20
Texas	130	1761.19	Virginia	50	160.81
Minnesota	56	100.30	Tennessee	22	97.12
Iowa	35	76.60	North Carolina	73	151.09
Missouri	21	27.93	Alabama	40	327.05
Arkansas	17	65.37	Georgia	44	140.31
Louisiana	65	688.08	South Carolina	28	138.12
Wisconsin	98	161.94	Florida	68	327.59
Illinois	125	123.25	Delaware	7	37.08
总计	4385	8258.84	—	—	—

二、我国天然气分布式能源产业发展现状

天然气分布式能源在我国已有二十多年的发展历史，但囿于观念、资源、机制等方面的制约，发展速度极为缓慢。由于该产业在我国尚未形成规模，因此缺乏详细、完整的统计资料和相关信息，本书将在现有的公开资料和研究文献基础上对我国天然气分布式能源的发展情况进行梳理和分析。

（一）产业规模情况

我国政府在 2011 年出台了《关于发展天然气分布式能源的指导意见》[①]，这一政策被视作该产业在我国正式起步发展的标志。文件对该产业发展目标做出了明确规划：在"十二五"期间建设 1000 个左右天然气分布式能源项目，并拟建设 10 个左右各类典型特征的分布式能源示范区域，到 2020 年，在全国规模以上城市推广使用分布式能源系统，装机规模达到 5000 万千瓦[②]。按照

---

① 国家发展和改革委员会、财政部、住房和城乡建设部等：《关于发展天然气分布式能源的指导意见》，2011 年。

② 王颖春：《发展天然气分布式能源指导意见出台》，《中国证券报》，2011 年 10 月 14 日，第 A09 版。

这一指标进行测算，2020 年天然气分布式能源在全国电力总装机容量中的占比将达到 3％（2020 年电力总装机容量预计为 17 亿千瓦）[1]。但从目前情况来看，该产业的规模与规划发展目标还有相当大的差距。

截至 2015 年底，我国天然气分布式能源项目已建项目 127 个，电力装机容量为 140.6 万千瓦[2]（见图 4-1），仅占全国电力总装机容量 152527 万千瓦[3]的 0.09％。即使将在建、拟建项目全部纳入计算，全国天然气分布式能源项目数量共计 288 个，总装机容量 1112 万千瓦[4]，也仅占全国电力总装机容量的 0.73％。从用户类型来看，主要集中在工业园区、商业综合体、数据中心、交通枢纽场站等，楼宇型、区域型项目在数量上各占一半[5]。从区域分布来看，长三角、珠三角、成渝、京津冀等地区项目较多，其占比约为全国总装机容量的 75.9％[6]。

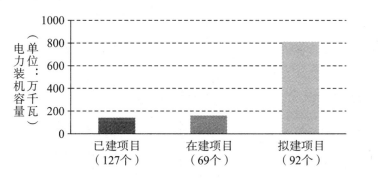

图 4-1　全国天然气分布式能源项目建设规模[7]

上海是我国天然气分布式能源产业发展起步较早的地区之一，最早可追溯到 1998 年的上海黄浦区中心医院项目。在 2010 年之前，主要是医院、办公楼、酒店等商业用户对冷、热、电三联供的梯级供能方式进行尝试，项目规模普遍较小，多集中于百万千瓦的量级。2011 年我国政府明确了鼓励产业发展

---

①　冉娜：《国内外分布式能源系统发展现状研究》，《经济论坛》，2013 年第 10 期，第 174～176 页。

②　中国城市燃气协会分布式能源专业委员会：《天然气分布式能源产业发展报告》，2016 年。

③　《中国电力年鉴》编辑委员会：《中国电力年鉴（2016）》，中国电力出版社，2016 年，第 668 页。

④　中国城市燃气协会分布式能源专业委员会：《天然气分布式能源产业发展报告》，2016 年。

⑤　国际能源署：《中国分布式能源前景展望》，石油工业出版社，2017 年，第 69 页。

⑥　齐正平：《我国分布式能源发展现状分析与建议》，《电器工业》，2017 年第 12 期，第 22～29 页。

⑦　中国城市燃气协会分布式能源专业委员会：《天然气分布式能源产业发展报告》，2016 年。

的政策导向后，该产业发展受到了一定程度的刺激，建成的项目规模明显增大，出现了如虹桥商务区能源中心（一期）项目（1.12万千瓦）、中国博览会展综合体（北区）项目（2.64万千瓦）、上海科技大学能源中心项目（1.32万千瓦）等相对体量较大的项目。但从总量上看，截至2016年底，上海市共建成投产的天然气分布式能源项目装机规模为15.12万千瓦，仅占上海全市电力装机规模总量的0.72%（见表4-3）。

表4-3　截至2016年底上海市已建成天然气分布式能源项目一览表[①]

序号	项目名称/建设地点	规模（单位：万千瓦）	投运时间	序号	项目名称/建设地点	规模（单位：万千瓦）	投运时间
1	黄浦区中心医院	0.100	1998	23	上海老港再生能源有限公司	1.494	2011
2	浦东机场	0.400	2000	24	申能集团	0.020	2011
3	上海舒雅健康休闲中心	0.034	2002	25	虹桥商务区公共事务中心大厦	0.045	2011
4	上海理工大学	0.006	2003	26	第一人民医院松江分院	0.020	2011
5	天庭大酒店	0.036	2004	27	仁济医院（南院）	0.046	2012
6	交大紫竹院	0.003	2004	28	虹桥商务区能源中心（一期）	1.120	2013
7	金桥联合发展有限公司	0.032	2004	29	第六人民医院南院	0.036	2013
8	华夏宾馆	0.048	2005	30	瑞金医院北院	0.033	2013
9	上海英格索兰压缩机有限公司	0.025	2005	31	东方医院南院	0.023	2013
10	老港垃圾填埋场	0.025	2005	32	国际旅游度假区	2.200	2014
11	奥特斯（中国）有限公司	0.116	2006	33	上海市第一妇婴保健院	0.013	2014
12	上海航天能源有限公司	0.006	2006	34	上海竹惠五金制品有限公司	0.052	2015

[①] 童家麟、吕洪坤、蔡洁聪等：《国内天然气分布式能源发展现状与应用前景综述》，《浙江电力》，2018年第12期，第1~7页。

序号	项目名称/建设地点	规模（单位：万千瓦）	投运时间	序号	项目名称/建设地点	规模（单位：万千瓦）	投运时间
13	闵行区中心医院	0.035	2007	35	中国博览会展综合体（北区）	2.640	2015
14	东海啤酒厂	0.008	2007	36	上海老港工业区	1.000	2015
15	同济大学汽车学院	0.010	2008	37	世博会 B 片区能源中心	0.670	2015
16	同济医院	0.050	2008	38	上海科技大学能源中心	1.320	2015
17	中电投高培中心	0.025	2008	39	上海航天制备制造总厂	0.108	2015
18	上海燃气市北公司	0.007	2008	40	华能上海大厦	0.080	2015
19	中国船舶重工 711 研究所	0.045	2008	41	上海中心大厦	0.232	2016
20	上海齐耀动力技术有限公司	0.005	2010	42	上海大众	2.652	2016
21	上海花园饭店	0.035	2010	43	上海国际汽车城研发科技港	0.160	2016
22	仁济医院西院	0.035	2010	—	—	—	—

天然气分布式能源在北京市的发展情况与上海相似。早在 2002 年，北京燃气集团率先在北京次渠天然气接收站办公楼投资建设了天然气冷、热、电三联供系统，此后又在集团指挥调度中心进行了应用。2014 年起，该产业在北京的发展从单纯的楼宇型项目扩展到区域型项目，出现了中石油创新基地（1.675 万千瓦）、北京未来科技城（25.5 万千瓦）等规模较大的项目。但从产业整体规模上看仍然很小，截至 2017 年底，北京市共建成投产的天然气分布式能源项目装机规模为 31.29 万千瓦，占全市电力装机规模总量的 2.54%（见表 4-4）。

表 4-4 截至 2017 年底北京市已建成天然气分布式能源项目一览表①

序号	项目名称/建设地点	规模（单位：万千瓦）	投运时间	序号	项目名称/建设地点	规模（单位：万千瓦）	投运时间
1	北京次渠天然气接收站办公楼	0.008	2002	10	航天科工海鹰集团羽毛球馆	0.010	2010
2	北京燃气集团指挥调度中心	0.157	2004	11	北京清河医院	0.176	2012
3	清华大学超低能耗示范楼	0.007	2005	12	金雁饭店	0.255	2013
4	文津国际大厦	0.232	2007	13	北京大学人民医院（海淀）	0.167	2013
5	宝岛热力	0.150	2007	14	中石油创新基地	1.675	2014
6	北京国际会议中心9号楼	0.105	2008	15	北京未来科技城	25.500	2014
7	京丰宾馆	0.098	2008	16	华电丰台产业园	0.670	2014
8	北京南站	0.314	2008	17	通州中医院	1.394	2017
9	蟹岛绿色生态园	0.344	2010	—	—	—	—

　　四川是我国经济大省、能源大省、天然气资源大省，在发展该产业上具有典型意义。在《关于发展天然气分布式能源的指导意见》出台后，四川省发改委于 2013 年核准了全省首个天然气分布式能源项目——四川能投新都华润雪花啤酒天然气分布式能源项目，标志着该产业在四川的发展正式起步。首个项目核准之后，随着国家层面鼓励政策的密集出台，以及雾霾问题和节能减排话题在社会舆论中的持续升温，四川天然气分布式能源产业迎来了一个阶段性的快速发展期。从四川省发改委取得的相关信息可见（见表 4-5），2013—2017年全省共核准建设天然气分布式能源项目 30 个，电力装机容量共计 86.65 万千瓦，项目投资金额总计 72.81 亿元。截至 2018 年 6 月，其中共有 4 个项目建成投产，电力装机容量合计为 4.68 万千瓦，仅占同期全省电力总装机容量9571 万千瓦的 0.05％。即使将已核准的项目全部纳入计算（共计 86.65 万千瓦），也不到全省电力总装机容量的 1％，同样与国家提出的 3％ 的目标差距巨

---

　　①　童家麟、吕洪坤、蔡洁聪等：《国内天然气分布式能源发展现状与应用前景综述》，《浙江电力》，2018 年第 12 期，第 1～7 页。

大，这与前述全国及上海、北京等地产业发展的状况基本一致。

从上海、北京、四川等地的产业发展现状来看，尽管天然气分布式能源在资源高效利用、节能减排、优化能源结构、提升供能可靠性等方面的优势明显，我国政府也表示了明确的政策导向，但该产业在我国的发展明显滞缓，与预期的发展目标相距甚远。

表 4-5　截至 2018 年 6 月四川省已核准天然气分布式能源项目一览表①

序号	项目名称	建设规模（单位：万千瓦）	投资规模（单位：万元）	投资主体	核准时间	进展情况②
1	四川能投新都华润雪花啤酒天然气分布式能源项目	0.600	8032	四川能投分布式能源有限公司	2013.12	2015 年 6 月投产
2	成都燃气总部办公大楼分布式能源项目	0.012	349	成都城市燃气有限责任公司	2014.04	2016 年 3 月投产
3	四川大学华西第二医院分布式能源项目	0.040	523	四川能投分布式能源有限公司	2014.07	暂缓投资
4	广安市回乡创业园区分布式能源项目	3.680	33605	四川能投分布式能源有限公司	2014.12	在建
5	长虹公司绵阳本部天然气分布式能源项目	0.600	5766	四川省虹然绿色能源有限公司	2014.12	暂缓投资
6	南充市嘉陵区天然气分布式能源项目	4.320	35141	南充格润天然气能源有限公司	2015.01	2017 年 4 月投产
7	金牛宾馆天然气分布式能源项目	0.071	1445	四川能投分布式能源有限公司	2015.05	2016 年投产
8	巴中经济开发区天然气分布式项目（首期工程）A 点能源站	1.800	17754	巴中格润博友天然气能源有限公司	2015.10	暂缓投资

---

① 资料来源：四川省发展和改革委员会。

② 项目进展情况截至 2018 年 6 月。

序号	项目名称	建设规模 （单位： 万千瓦）	投资规模 （单位： 万元）	投资主体	核准 时间	进展情况
9	巴中经济开发区天然气分布式项目（首期工程）B点能源站	0.350	6095	巴中格润博友天然气能源有限公司	2015.10	暂缓投资
10	宜宾市南溪区西部创业园分布式能源项目	1.400	19687	四川能投分布式能源有限公司	2015.11	在建
11	成都海峡两岸科技产业开发园区分布式能源项目	1.200	19984	四川能投分布式能源有限公司	2015.12	开工建设准备
12	彭州工业开发区天然气分布式能源项目	3.400	31465	四川能投分布式能源有限公司	2015.12	在建
13	成都蜀都中心天然气分布式能源项目	0.280	2703	四川能投分布式能源有限公司	2015.12	开工建设准备
14	南充市西充县多扶食品工业园天然气分布式能源项目	2.100	17570	西充埃润吉天然气能源有限公司	2016.05	在建
15	邛崃市羊安工业园区天然气分布式能源项目	4.500	28114	邛崃格润能源有限公司	2016.10	在建
16	成都燃气第三储配站扩建工程分布式能源项目	0.033	958	成都城市燃气有限责任公司	2016.10	开工建设准备
17	双流西南航空港经济开发区分布式能源项目	12.000	93268	四川能投分布式能源有限公司	2016.12	在建
18	德阳广汉高新技术产业园区分布式能源项目	3.000	28812	四川能投分布式能源有限公司	2016.12	开工建设准备
19	自贡晨光科技园天然气分布式能源项目	7.000	56747	自贡渝锦广核新能源产业有限公司	2016.12	开工建设准备

序号	项目名称	建设规模（单位：万千瓦）	投资规模（单位：万元）	投资主体	核准时间	进展情况
20	成都高新西区分布式能源项目	12.000	91731	中电（成都）综合能源有限公司	2016.12	开工建设准备
21	仁寿文林工业园天然气分布式能源项目	0.800	9687	四川能投分布式能源有限公司	2016.12	开工建设准备
22	眉山协鑫蓝天天然气分布式能源项目	12.000	74934	协鑫智慧能源（苏州）有限公司	2016.12	开工建设准备
23	花里大酒店分布式能源项目	0.200	2106	德阳航升分布式能源有限公司	2016.12	在建
24	蒲江工业集中发展区天然气分布式能源项目	3.000	19725	蒲江格润能源有限公司	2017.8	开工建设准备
25	成都经济技术开发区（南区）天然气分布式能源项目	9.020	83492	四川能投分布式能源有限公司	2017.9	开工建设准备
26	华润成都万象城分布式能源项目	0.600	5392	成都液化天然气有限公司	2017.9	开工建设准备
27	成都天府国际生物城孵化园一期分布式能源站项目	0.300	7884	成都中石油昆仑能源有限公司	2017.9	开工建设准备
28	郫都区中国川菜产业化园区天然气分布式能源项目	2.000	17991	成都格润能源有限公司	2017.11	开工建设准备
29	四川蜀邦实业煤改气天然气分布式能源项目	0.460	4727	彭州华润燃气有限公司	2017.11	开工建设准备
30	四川轮胎橡胶（集团）股份有限公司天然气分布式能源项目	0.200	2356	四川轮胎橡胶（集团）股份有限公司	2017.11	开工建设准备

（二）产业投资情况

从近年来社会舆论和投资市场的总体反馈来看，各界对天然气分布式能源的优势和积极作用均给予了高度肯定，在政府明确鼓励支持的背景下，市场对该产业的发展普遍持乐观积极态度。以四川省为例（见表4-5），自2013年开始，四川天然气分布式能源产业发展正式起步，随后掀起了一股项目投资申报的热潮（2014年核准建设项目4个，2015年核准建设项目8个，2016年核准建设项目10个，2017年核准建设项目7个），但绝大多数项目在核准之后的实质性落地和推进情况并不理想，已核准项目的实际投资建设进度普遍滞后。截至2018年6月，四川5年间核准的30个项目中仅有4个项目建成投产，分别是：四川能投新都华润雪花啤酒天然气分布式能源项目、成都燃气总部办公大楼分布式能源项目、南充市嘉陵区天然气分布式能源项目、金牛宾馆天然气分布式能源项目；另有在建项目7个，处于开工建设准备阶段的项目15个，明确暂缓投资的4个，其中部分项目已经超过了项目核准的有效期[①]。在建项目中，广安回乡创业园区分布式能源项目自核准起已3年半，至今仍未投产。而实际上天然气分布式能源作为能源领域项目规模体量相对较小的项目，开工后至建成投产的正常所需时间一般不超过2年。处于开工建设准备阶段的项目中，成都海峡两岸科技产业开发园分布式能源项目、成都蜀都中心分布式能源项目自核准起已两年半，仍未正式开工，超过项目建设正常的准备时间。总体上看，实际投资建设普遍滞后是当前该产业发展的突出问题，这与投资者踊跃申报项目形成了强烈反差，表现出明显的"虚火"特征。

（三）项目分布情况

公开信息和已有文献研究显示，天然气分布式能源产业在我国的发展并不平衡，主要集中于北京、上海、广东等沿海区域及成都、武汉、长沙等区域中心城市[②]。典型的案例如北京燃气集团指挥调度中心项目、上海虹桥商务区能源中心项目、华电武汉创意天地分布式能源站项目、长沙黄花机场天然气分布式能源项目等。从本书前述数据可见，至2015年底全国已投产的天然气分布式能源项目为127个，而北京、上海两市投产的项目合计为56个，在全国项目总数中的占比达44%；项目电力装机合计为41.98万千瓦，在全国项目电力装机总量中占比为30%。对四川的情况进行具体分析可见，四川全省已核准的30个项目中，有18个项目集中于成都市，电力装机容量合计49.72万千瓦，占全省产业总电力装机容量的57%。其中，在已投产的4个项目中有3

---

① 按照四川省发改委相关规定，天然气分布式能源项目应在项目核准2年内开工建设。

② 国际能源署：《中国分布式能源前景展望》，石油工业出版社，2017年，第69页。

个项目位于成都市（四川能投新都华润雪花啤酒天然气分布式能源项目、成都燃气总部办公大楼分布式能源项目、金牛宾馆天然气分布式能源项目）。而成都市的经济实力在四川全省 21 个市州中一枝独秀，经济总量在全省占比近四成（2017 年成都市 GDP 为 13889 亿元（在全国副省级城市中排名第三，省会城市中排名第二），工业增加值为 5998 亿元，第三产业增加值为 7390 亿元，三项指标分别占全省总量的 37.6％、42.0％、40.2％）。天然气分布式能源项目主要集中于经济发达区域的原因在于这些区域适合应用冷、热、电三联供系统的用户较为集中（工业园区、商业综合体、医院酒店等），天然气供应的基础设施完善、供应充足，同时工商业用户普遍具有较高的价格承受能力。

（四）投资主体情况

目前国内天然气分布式能源产业投资力度较大的企业主要为中国华电集团、中国国家电力集团等大型国有能源企业，中石油、中石化等气源企业以及各省（区、市）的地方国有企业。民营企业参与该产业的意愿相对较弱，这一现象在相关文献资料、公开信息中均有体现[①]。同样以四川省为例（见表 4-5），截至 2018 年 6 月，全省核准的 30 个项目中共有 20 个项目的投资主体具有国资背景（项目电力装机容量合计 56.50 万千瓦，总投资合计 50.63 亿元），有 10 个项目的投资主体为民营企业（项目电力装机容量合计 30.15 万千瓦，总投资合计 22.18 亿元）。在电力装机容量超过 5 万千瓦以上的 5 个项目中，有 4 个项目的投资者具有国资背景：双流西南航空港经济开发区分布式能源项目（电力装机容量 12 万千瓦）、成都经济技术开发区（南区）天然气分布式能源项目（电力装机容量 9 万千瓦）的投资者为四川能投分布式能源有限公司[②]，自贡晨光科技园天然气分布式能源项目（电力装机容量 7 万千瓦）的投资者为自贡渝锦广核新能源产业有限公司[③]，成都高新西区分布式能源项目（电力装机容量 12 万千瓦）的投资者为中电（成都）综合能源有限公司[④]。从行业准入、投资门槛等因素来看，天然气分布式能源对于民营企业投资并无障碍。根据已有文献和市场信息，造成该类项目对民营资本吸引力较低的主要原因在于投资回报较低、回收期长、不可控因素较多，而国有企业目前主要是出

---

① 何润民、周娟、王良锦等：《促进我国天然气分布式能源发展的政策思考》，《天然气技术与经济》，2013 年第 6 期，第 3~6、77 页。

② 股东：四川省能源投资集团有限责任公司（持股 67.5％），为四川省省属国有企业。

③ 股东：中机国能智慧能源有限公司（持股 100％），为中国能源工程集团有限公司下属企业。

④ 股东：中国电力国际发展有限公司（持股 100％），为国家电力投资集团有限公司下属企业。

于扩大资产规模、履行社会责任、引导产业起步发展等目的在参与和推动。

三、我国天然气分布式能源产业发展制约因素

（一）垄断企业阻力较大

天然气分布式能源涉及电网、油气两大传统垄断行业，这两大行业对这一新兴产业的发展都具有关键性的制约作用。在当前电力体制改革、油气体制改革尚未完全落实到位的情况下，天然气分布式能源仍然受到来自这两方面的明显阻力。在天然气供应领域，上游气源单位（中石油、中石化等央企）与下游终端燃气销售企业对天然气分布式能源持不同的态度。一方面，天然气分布式能源相比于单纯的燃气供热或燃气发电而言，在天然气的使用量上更大，这有利于扩大天然气销售数量，因此拥有气源的中石油、中石化等央企对该类项目持积极态度；另一方面，该类项目往往会按照国家相关政策，要求执行直供用户的供气方式和气价，而直供价格与现行的燃气市场终端销售价格相差甚远，因此不具备气源、仅为终端销售商的燃气经营企业普遍对天然气分布式能源予以抵制。

在与电网的关系方面，天然气分布式能源作为整个能源供应系统的有机组成部分，不能与电网分离，两者是相互依靠、互为补充的关系，否则会形成能源"孤岛"，无法保障用户用能的安全性和可靠性（不具备并网条件，或用户要求独立运营的项目除外），因此天然气分布式能源的发展离不开电网公司的支持。但从企业利益角度看，该类项目的用户通常为用能负荷稳定、价格承受能力较强的优质用户，而在供电次序上，通常采用能源站（分布式能源站）优先、电网调峰备用的方式，因此天然气分布式能源的快速发展会对电网公司的传统利益形成挤占和冲击。在这种情况下，电网公司缺乏支持该产业发展的内在动力，其作为垄断企业往往以技术、规划等理由对分布式能源项目并网设置非必要的条件和限制[①]。

（二）天然气季节性短缺

由于全国范围内天然气储气调峰设施建设滞后，用气高峰、低谷时段不均

---

① 杨竞、杨继瑞：《"供给侧结构性改革"背景下天然气分布式能源发展研究——以四川省为例》，《四川师范大学学报（社会科学版）》，2016年第6期，第121~126页。

衡，天然气的调峰压力较大，周期性短缺现象频发。如 2016—2018 年，由于全国范围内大规模推广"煤改气"，以及低温气候带来的民生用气需求扩大，连续两个冬天出现了全国天然气需求短期激增的现象。在储气能力低下的情况下，政府被迫采取"限量保供""压非保民"①等应急措施以保障民生领域、公共领域的基本用气需求，这对包括天然气分布式能源项目在内的工商业领域天然气用户的正常生产运营造成了重大干扰，形成了所谓的"气荒"现象。

（三）项目投资不确定性大

天然气分布式能源与传统能源项目相比，具有"多头在外"的特征，项目投资的不确定因素多、风险也较大。

第一，天然气分布式能源项目相关价格要素的不确定性较大。天然气分布式能源以天然气为燃料，产品分为电、热（蒸汽、热水）、冷（冷水）等多种类型，因此，项目涉及天然气价、电价、热价、冷价等多种价格因素，每种价格的波动均会对项目的经济性产生明显影响。其中，项目涉及的天然气价受到上游天然气资源开采量、天然气进出口量、市场供需情况、政府补贴政策等多重因素的影响。项目涉及的电价分为直供电价与上网电价两类，在现行的电力体制下，上网电价由政府部门统一定价，直供电价由供需双方协商产生，同时直供电价又受到市场供需形势以及电网销售电价的影响（直供电价通常必须低于电网销售电价，否则用户不会选择优先使用天然气分布式能源供电）。热、冷产品的价格均由供需双方协商产生，影响此类价格波动的因素包括上游天然气的原料价格以及可替代供能形式（如燃煤锅炉、电锅炉、电制冷）的价格情况。综上可见，相比于一般的传统能源（如单纯的水电、风电），影响天然气分布式能源项目经济收益的价格因素更加复杂，其不确定性尤为明显。

第二，天然气分布式能源项目供能对象经营状况的不确定性较大。由于天然气分布式能源是根据特定用户需求"量身定制"的能源供应项目，因此项目的建设、运营状态和产品数量、销售收入均受到用户的直接影响。当用户自身的经营状况发生重大变化时，其配套的天然气分布式能源站的经营也将发生相应调整，两者间呈现出"一荣俱荣、一损俱损"的关系。同时，该类项目的产品数量（供应数量）基本上取决于用户的使用数量（需求数量），销售收入来源于用户支付。可见，在估计项目的投资风险时，除了自身产业、项目的投资运营风险外，还应把下游用户的经营风险计算在内。以四川的情况为例，在

---

① 压非保民：是指压缩非居民天然气用气指标，以保障民生用气需求的临时措施。

2013—2017 年核准的项目中，大量项目因为供能用户自身的建设经营发生变化，导致配套的天然气分布式能源项目建设推迟或无法落地。在全国范围内，由于用户的经营状况不佳导致项目建成投产后无法正常运营、投资效果大打折扣的情况也普遍存在。

（四）项目经济性预期普遍较低

天然气分布式能源为用户提供电、热、冷等多种类型的能源产品，由于实现了能源梯级利用，因此具有极高的资源利用效率。但与燃煤锅炉供热方式相比，天然气分布式能源项目的供热成本明显更高；而与电网供电、燃气锅炉/电锅炉供热、电制冷方式相比，该类项目同样不具备明显的价格优势。这不仅决定了该产业目前只适合在具有刚性环保要求、用户价格承受能力较高的区域发展，还要求项目必须尽可能降低供能价格，以争取用户对传统供能方式进行替换。在通常情况下，天然气分布式能源项目的供电价格应低于电网供电价格，供热价格应低于燃气锅炉/电锅炉供热价格，供冷价格应低于电制冷价格，这导致在目前的建设和运维成本水平下，该类项目自身运营的经济回报能力普遍较低，甚至在经济评价上完全不具备可行性。这一因素对当前我国天然气分布式能源产业发展形成了严重阻碍，是造成市场观望情绪浓厚，大量项目停建、缓建，产业发展缓慢的重要原因[1][2][3]。

---

[1] 宋桂秋：《发展分布式能源优化供应体系》，《宏观经济管理》，2015 年第 7 期，第 73～75 页。

[2] 袁家海、李文玉、张兴平：《分布式天然气冷热电联产经济性研究》，《国际石油经济》，2016 年第 11 期，第 61～68 页。

[3] 殷虹、庄妍：《天然气分布式能源项目投资管理及建议》，《中国能源》，2012 年第 11 期，第 32～35 期。

第五章　天然气分布式能源项目
投资、运营、技术特点

第一节　天然气分布式能源项目投资特点

一、典型商业模式

天然气分布式能源与传统能源项目相比，在市场关系上具有与用户联系紧密的特点，能源项目因用户需求而存在，用户的正常经营依赖于能源项目的正常运行，两者之间互为依托。由于这种利益高度相关的特点，天然气分布式能源项目在投资模式上较为灵活，不同模式各具优势，适用于不同的用户类型。

（一）能源服务商投资运营模式

能源服务商投资运营模式是指天然气分布式能源项目的投资、建设、运营均由专业的能源行业投资主体负责，投资者以用户的能源需求为项目设计依据，在与用户达成合作意向后独立完成项目的开发建设，并按用户需求向用户供能，双方通常按照能源产品数量计价付费。在此模式下，天然气分布式能源项目的所有权由投资者持有，项目与用户之间是单纯的能源产品交易关系，项目建设阶段的各项审批、运营阶段采购天然气、电力并网等工作均由投资者负责。能源服务商投资运营模式通常适用于规模较大的工业用户和园区型项目以及用户希望将用能保障完全交由专业机构负责的情形，其优势在于可以大幅减轻用户在能源保障基础设施建设方面的一次性投资资金压力。同时，由专业的能源服务商来负责运营，有利于提高运营的专业化水平、降低管理难度。这种投资模式在市场中最为常见。从投资者的性质来看，又可细分为两种情形：一是天然气分布式能源项目的投资者与用户完全隔离，用户不参与项目投资。本书主要针对这类模式项目进行研究。二是用户出资在能源项目中占有一定比例的股份，项目的所有权由合资公司持有。采取这种模式的目的在于使用户在能源项目运营中有一定的话语权，保障双方合作中用户一侧的利益。

国内采取能源服务商投资运营模式的典型项目有四川能投新都雪花啤酒天然气分布式能源项目、广州大学城天然气分布式能源项目等。其中，新都雪花啤酒项目的投资方为四川能投分布式能源有限公司与湖南宏大公司出资成立的混合所有制项目公司，双方持股比例为 70：30，用户为华润雪花啤酒位于成都市新都区的啤酒厂（该啤酒厂为中国西南地区最大的啤酒生产基地）①。广州大学城项目的用户参与了投资，其项目投资主体为广州大学能源发展有限公司和中国华电新能源发展有限公司共同出资成立的项目公司，双方持股比例为45：55，用户为广州大学城区域内的所有用能单位②。

（二）用户投资委托运营模式

用户投资委托运营模式是指用户根据自身的用能需求，出资自建天然气分布式能源项目，在建成后委托专业的能源运营公司进行运维管理并支付运营费用的模式。在此模式下，项目的所有权由用户自身持有，能源运营公司单纯为用户提供管理性服务，项目设计、立项报批、设备采购等工作均由用户负责，运营阶段的原料成本、设备检修成本也由用户承担。这类模式的最大优势在于用户可完全掌握能源站的运营主动权，并根据自身主要业务的动态变化适时调整能源项目的运营方式。如：在业务不景气时，用户可自主减少天然气分布式能源项目的运行时间以降低成本，而不用因负荷降低向能源项目支付赔偿；在出现新的替代供能方式时（如政府出台的夜间低电价政策），调整项目的运行方式，以获取更低的综合能源成本。

这类模式的用户常见于天然气分布式能源业务上游领域的单位。如天然气开发、销售企业自建项目，可充分发挥自身在天然气供应和价格上的优势，大幅降低项目的运营成本。典型案例是北京燃气集团指挥调度中心大楼冷、热、电三联供项目，其由北京燃气集团投资建设，建成后委托北京恩耐特分布式能源技术有限公司负责运行管理③。

---

① 资料来源：四川能投分布式能源有限公司网站（http://fbs. scnyw. com）。

② 资料来源：广州大学城投资经营有限公司网站（https://www. gzuci. com）。

③ 资料来源：北京恩耐特分布能源技术有限公司网站（http://www. de—china. com）。

（三）合同能源管理模式

合同能源管理（Energy Management Contracting，EMC）模式是从 20 世纪 70 年代开始在能源服务领域逐步发展起来的一种商业模式，目前在我国已有大量应用。其基本含义是指能源服务单位与用户形成契约关系，由能源服务单位负责用户的能源保障，同时双方在用户的传统用能成本的基础上约定能源节约的目标，最终用户以能源成本节约所产生的效益向能源服务单位支付服务费用。在天然气分布式能源项目投资领域，通常将合同能源管理与 BOT（Build-Operate-Transfer，建设—经营—转让）方式相结合：投资者对用户的用能需求和传统方式（投资天然气分布式能源项目前）的用能成本进行分析测算，由投资者出资建设项目并向用户供能，降低的用能成本效益由双方按照一定比例分享。同时，用户分期向投资者支付一定比例的投资费用，在费用支付完毕后项目的所有权由投资者移交给用户。此类模式有三个方面的优势：一是由于投资者的收益来源于用能成本节约产生的效益，因此可以最大限度地激发专业能源服务商的技术能力和管理能力，达到较为理想的节能效果；二是投资者分期收回投资成本的方式对用户而言实际上是一种融资行为，可以在一定程度上缓解用户在能源基础设施建设上的资金投入压力；三是由于双方对于所有权的转让移交有相应约定，且用户分期支付投资费用，提高了用户放弃天然气分布式能源项目的成本，有利于双方合作关系的稳定持续。

此类模式的典型案例是长沙黄花国际机场 T3 航站楼天然气分布式能源项目，该项目由长沙新奥远大能源服务有限公司以合同能源管理模式投资、建设并负责运营，双方对能源节约成本进行分享，并在约定的运营年限后将能源项目的所有权转移至湖南机场股份公司[①]。

总的来说，国内天然气分布式能源项目的商业模式及典型案例如表 5-1 所示。

---

① 资料来源：新奥集团股份有限公司网站（http://www.enn.cn）。

表 5−1　国内天然气分布式能源项目投资模式分类及典型案例

项目投资模式	合作内容	典型案例
能源服务商投资运营模式	专业机构投资运营能源站，用户购买能源产品，按照能源产品数量计价付费	四川能投新都华润雪花啤酒天然气分布式能源项目、广州大学城天然气分布式能源项目
用户投资委托运营模式	用户出资自建能源站，建成后委托专业能源运营公司进行运维管理	北京燃气集团指挥调度中心大楼天然气分布式能源项目
合同能源管理模式	专业机构投资建设能源站并向用户供能，用户用能成本降低部分由双方按比例分享，一定周期后投资者将能源站移交给用户	长沙黄花国际机场 T3 航站楼天然气分布式能源项目

二、典型工艺路线及设备配置

天然气分布式能源系统的基本工作原理是先以天然气为燃料进行发电，再利用发电过程产生的剩余热量进行供热、供冷，实现能量的梯级利用。从系统建设内容来划分，天然气分布式能源系统主要由动力发电、余热利用两个部分组成。其中，常见的发电设备主要为燃气内燃机和燃气轮机，常见的余热利用设备主要为余热锅炉、换热器、吸收式制冷机、除湿机等，不同设备之间在功能上有所差异，性能指标、建设成本也不尽相同。投资者根据不同的用户负荷需求，结合项目投资的经济技术性要求，在设计中选择不同的发电和余热利用设备进行系统集成，因此天然气分布式能源的技术方案十分灵活，在工艺流程、设备选型、设备造价上无法标准化。

（一）应用燃气内燃机发电的天然气分布式能源系统

燃气内燃机是将天然气燃烧释放的热能直接转换为动力的热力发动机。其工作原理是将天然气与空气进行混合，并点火使其在气缸内形成爆燃，再经气缸连杆和曲轴带动发电机工作，从而产生电能。内燃机的发电过程将产生余热，不同形式的余热温度不同，在系统设计上需要进行有针对性的设计利用，以达到最优化的能源利用效率。图 5−1 为应用燃气内燃机发电的天然气分布式能源系统常见的系统结构。

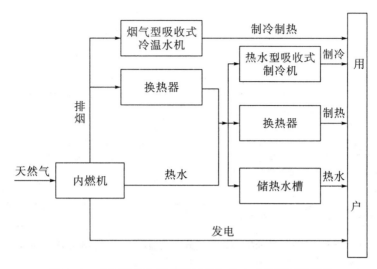

图 5-1 应用燃气内燃机的天然气分布式能源系统结构

（二）应用燃气轮机发电的天然气分布式能源系统

燃气轮机是将天然气燃烧产生的热能转换成机械能的热力发动机。其工作原理是将空气吸入压缩，并与燃料混合燃烧后形成高温燃气，流入燃气涡轮中膨胀做功，推动涡轮叶轮带动压气机叶轮一起旋转，驱动发电机发电。燃气轮机发电后的余热只有排烟一种形式，因此其余热利用部分较应用燃气内燃机发电的天然气分布式能源系统相对简单，常见的有余热锅炉、换热器、热水型/蒸汽型吸收式制冷机等。按照余热利用的形态划分，可分为蒸汽系统、热水系统、烟气系统三类常见类型。图 5-2、图 5-3、图 5-4 分别为应用燃气轮机发电的天然气分布式能源系统常见的三种系统结构。

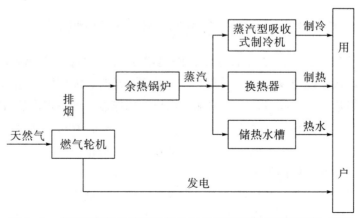

图 5-2 应用燃气轮机的天然气分布式能源系统（蒸汽系统）结构

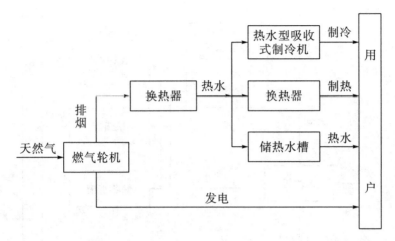

图5-3 应用燃气轮机的天然气分布式能源系统（热水系统）结构

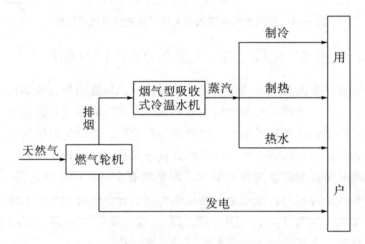

图5-4 应用燃气轮机的天然气分布式能源系统（烟气系统）结构

（三）天然气分布式能源系统的备用和调峰措施

天然气分布式能源系统的建设目的是满足用户的特定用能需求，在冷、热、电三联供系统出现运行故障或天然气供应不足时，需要同其他供能手段进行结合，形成互补。同时，通常情况下用户的用能需求会呈现出峰谷波动的特点，从项目投资经济性的角度出发，对于偶尔出现的峰值用能不一定由冷、热、电三联供系统提供，而可以采取造价较低的其他供能形式进行替代，这样可减少为保障峰值供能需求所需的投资成本，提高项目的经济性。

在供电方面，备用和调峰措施通常为电网供电，这要求天然气分布式能源系统、用户与电网实现互联，在电价条件较好的情况下，用户消纳剩余的电量还可销售给电网，这取决于项目发电的边际效益。在电网覆盖不到的区域或用户不要求并网的情况下，也可通过光伏发电、风力发电、柴油发电等形式与天然气发电形成互补。在制热、制冷方面，备用和调峰的常见措施为传统的蒸汽锅炉、热水锅炉等。在设备检修、故障或用户用能负荷过低的情况下，燃气内燃机、燃气轮机将停运，这时可利用锅炉直接将天然气燃烧产生的蒸汽、热水供给用户；在用户用能负荷超出冷热电三联供系统的产能时，可利用锅炉制热进行补充。此外，电制热、电制冷设备也可与天然气分布式能源系统形成互补。

三、项目开发流程

天然气分布式能源跨天然气经营、热力供应、电力供应等较多领域，在项目开发、立项审批、项目设计、建设运营过程中涉及的相关政府部门和利益主体较多。以四川省为例，天然气分布式能源项目投资过程环节较多。

第一，项目启动阶段。投资方与用户接洽并就双方合作达成初步意向（或由用户自身启动项目开发工作），再对用户的用能需求进行深入调研分析，由专业机构形成项目初步设计方案，在此基础上投资者与用户就供用能事宜签订框架协议。框架协议签订后，向省（市）级能源管理部门上报关于开展天然气分布式能源项目投资前期工作的申请并取得批复（即取得"路条"）。

第二，项目前期阶段。在取得政府部门同意开展项目前期工作的批复后，委托专业设计机构对项目的可行性进行论证并编制可行性研究报告。此外，同步开展规划选址、融资、并网、环境评价、安全评价、水土保持评价、维稳评价等工作，并取得相应的支持性文件。在与用户再次签订供用能合作协议后，将可行性研究报告与系列支持性文件一同报送政府部门指定的专业机构进行项目评审，并按要求进行修改完善，最后取得政府部门同意建设项目的批复（即取得"核准"）。

第三，项目投建阶段。项目核准后，投资者需组建具体承担天然气分布式能源项目投资主体责任的项目公司（个别情况下也可不组建）并使资本金到位、取得相应融资。在落实用地、用电、用水、交通等开工建设条件、完成施工方招投标与设备采购手续后，项目正式进入建设程序。在建设阶段，投资者还需完成与天然气供应单位签订天然气购销合同，与电网公司签订并网、购售电合同，与用户签订最终的供用能合同（载明用能方式、价格、数量等具体内容）等工作。

第四，项目运营阶段。建设完毕并取得安全验收、消防验收、压力容器合格意见后，项目可进行测试生产。再通过由电力部门和相关政府部门共同组建的电力项目启动委员会评审，项目即可进入试运行阶段。此时同步开展工程决算等工作，待试运行结束正式开始商业运行后，向项目核准部门上报申请进行工程验收，验收合格后项目开发程序结束并进入运营期。

第二节　天然气分布式能源项目运营特点

一、运营收入特点

天然气分布式能源项目的运营收入由供电收入、供热收入、供冷收入三部分组成。通常情况下，收入由供能单价与供能数量形成，即：

项目运营收入＝电价×供电量＋热价×供热量＋冷价×供冷量

$$(5-1)$$

从公式（5-1）可见，与常规发电项目、供热项目相比，天然气分布式能源项目运营收入组成要素更多，在产品数量、产品价格上具有特殊性。

（一）产品销售数量

单纯发电项目（火电、水电、风电、气电等）的可行性主要建立在地方经济社会发展对能源保障的整体需求、资源禀赋、安全、环保等因素之上，项目的产品（电力）销售对象仅限于电网公司（电力直供项目除外），电量指标由政府部门按计划下达，电价由政府部门测算后执行，能源的供、需两端并不发生直接关系。而天然气分布式能源项目的本质在于"按需供应""量身定做"，其交易对象为单个或多个直供用户，项目投资目的在于满足具体用户（单一用户或区域用户）的用能需要，项目的冷、热、电供应数量由用户决定。由此可见，天然气分布式能源项目在产品供应数量上受到用户的完全制约，用户自身业务的开展情况对供能项目的经营状况产生决定性的影响。

（二）产品价格

天然气分布式能源项目与用户达成供能协议的核心条件之一，是用户采用天然气分布式能源形式的用能成本要低于采用其他可替代的供能形式的用能成本。这里所提到的可替代的供能形式必须要满足所在区域的资源条件和政策规定。例如，某工厂原本采用燃煤锅炉供热，后因政府环保要求必须实施"煤改气"或"煤改电"，此时若论证天然气分布式能源项目投资的可行性，就应当以用户自建燃气锅炉、电锅炉作为基准来比较用能成本，而不应以原有的燃煤锅炉为参照物。在用能成本更低的原则下，天然气分布式能源项目的供电、供热、供冷价格由供需双方协商产生。其中，供电价格应低于用户从电网购电的价格，供热、供冷价格应低于用户采用其他制热、制冷方式的价格。对于政府允许"余电上网"的项目，除了向用户直供的电量外还有向电网销售的电量，这部分电量的价格通常在火电标杆电价基础上给予一定补贴（政府的产业扶持政策），或参与电力市场化交易。由此可见，天然气分布式能源项目的产品价格种类较多，这也造成影响项目经济性的要素较传统能源项目更多。

二、运营成本特点

天然气分布式能源项目的运营成本主要由燃料成本、资产折旧、财务成本、其他运行成本组成，其中占比最大的是燃料成本、资产折旧、财务成本。其他运行成本包括人工费用、设备维护费用、生产辅料成本、摊销成本、管理费用等，这部分成本内容繁杂，所占比例较小，单一因素对项目总体运营成本不产生明显的影响。

（一）燃料成本

天然气分布式能源项目的燃料成本由天然气采购价格和天然气使用量两大因素决定。在项目的技术路线、建设方案确定后，项目运营的天然气耗量与项目的冷、热、电产品数量基本上呈线性关系（优化设备运行方式可对天然气耗量有少量影响）。按照前述分析，天然气分布式能源项目的产品数量由用户需求决定。相应地，项目的天然气耗量也基本上由用户需求决定，运营者无法自主调整。因此，在天然气耗量不受自身控制的情况下，影响燃料成本的主要因素为天然气的采购价格。与燃煤电厂类似，燃料成本在天然气分布式能源项目运营成本中占有决定性的比例，根据系统设计不同略有差异，通常达到60％～80％[1]。一般情况下，项目规模越大，项目单位造价越低，燃料成本在运营成本中所占比例越高。

---

　　[1]　林世平、李先瑞、陈斌：《燃气冷热电分布式能源技术应用手册》，中国电力出版社，2014年，第290页。

（二）资产折旧和财务成本

对于重资产类型的能源项目而言，资产折旧和财务成本是运营成本的重要组成部分，这两部分主要由项目的造价决定。在天然气分布式能源项目建设内容中，设备投资成本占总造价的比例较高，其中又以燃气发电设备的采购成本为主。目前燃气发电设备（燃气内燃机、燃气轮机、微燃机等）的核心技术主要掌握在美国、德国、日本等发达国家手中，海外采购、运行维护的成本非常高，对于规模较小的楼宇型项目，燃气发电设备的采购成本甚至占项目总投资金额的一半左右。因此，大力发展国内自主的燃气发电技术和燃机品牌，降低设备采购、运维成本，将显著推动天然气分布式能源产业的发展。

第三节 天然气分布式能源系统技术性能特点

天然气分布式能源作为资源高效利用的供能方式，其在技术层面的系统性能特点主要体现在能源利用效率、一次能耗率、节能率三类指标上[①]。

一、能源利用效率（η_{CCHP}）

能源利用效率是指能源使用过程中的有用产出能量与投入的能源总量的比例，反映了能源资源使用的效率。值得注意的是，根据热力学第一定律，能量在传递与转换过程中守恒，故此处的能源产出能量是指对经济活动的有用产出，而非全部的能量形式。

能源利用效率的表达式为：

$$能源利用效率 = \frac{有用产出能量}{资源投入能量} \times 100\% \tag{5-2}$$

对于天然气分布式能源系统而言，生产原料为天然气，通过燃气发电、余热利用等技术产出电、热、冷等三类能源产品。因此，资源投入能量即为系统所消耗的天然气蕴含的能量，产出能量为电力、制热、制冷对应能量的综合。天然气分布式能源系统能源利用效率 η_{CCHP} 的计算方式为：

---

① 国家发改委经济运行调节局、国家电网公司营销部、南方电网公司市场营销部：《分布式能源与热电冷联产》，中国电力出版社，2013年，第154~158页。

$$\eta_{CCHP} = \frac{Q_e + Q_h + Q_c}{Q_f \times \rho} \times 100\% \qquad (5-3)$$

其中，Q_e——天然气分布式能源系统的年供电量；

$\qquad$ Q_h——系统的年制热量；

$\qquad$ Q_c——系统的年制冷量；

$\qquad$ Q_f——系统的年耗天然气量；

$\qquad$ ρ——天然气的低位热值。

二、一次能耗率（PER_{CCHP}）

一次能耗率（Primary Energy Rate）是指一次能源消耗量与系统产出的能量的比值。它反映了在给定能量输出需求的情况下，系统所消耗的一次能源量的多少。此处的系统产出能量同样为有用产出。

一次能耗率的表达式为：

$$一次能耗率 = \frac{一次能源消耗量}{系统产出能量} \qquad (5-4)$$

天然气分布式能源消耗的资源是天然气，属于一次能源，因此系统的一次能源消耗量等于资源投入能量，故能源利用效率与一次能耗率互为倒数。天然气分布式能源系统一次能耗率 PER_{CCHP} 的计算方式为：

$$PER_{CCHP} = \frac{1}{\eta_{CCHP}} = \frac{Q_f \times \rho}{Q_e + Q_h + Q_c} \qquad (5-5)$$

三、节能率（$\triangle q$）

节能率是指在给定的能源需求数量条件下，应用某系统所节约的能源消耗量与应用参照系统所消耗的能源量之间的比值，它反映了系统在节能方面的性能优劣。节能率的表达式为：

$$节能率 = \frac{新系统的能源节约量}{常规系统的能源消耗量} \times 100\% \qquad (5-6)$$

与天然气分布式能源相对应的常规供能系统为传统的电、热、冷分供系统。在给定 Q_e、Q_h、Q_c 的边界条件下，此类分供系统的能源消耗量 Q_{SG} 计算方式为：

$$Q_{SG} = \frac{1}{\eta_e} \times Q_e + \frac{1}{\eta_h} \times Q_h + \frac{1}{COP \times \eta_e} \times Q_c \qquad (5-7)$$

其中，η_e——原发电系统的效率；

$\qquad\quad\eta_h$——原制热系统的效率；

$\qquad\quad COP$——原制冷系统的性能系数（冷电比）。

天然气分布式能源的能源消耗量 Q_{CCHP} 计算方式为：

$$Q_{CCHP} = Q_f \times \rho \qquad\qquad (5-8)$$

将上述结果代入公式（5-6），可知天然气分布式能源系统的节能率 Δq 的计算方式为：

$$\Delta q = \frac{Q_{SG} - Q_{CCHP}}{Q_{SG}} = 1 - \frac{Q_f \times \rho}{\dfrac{Q_e}{\eta_e} + \dfrac{Q_h}{\eta_h} + \dfrac{Q_c}{COP \times \eta_e}} \times 100\% \quad (5-9)$$

能源利用效率、一次能耗率、节能率是评价天然气分布式能源系统技术性能的常用指标，其中能源利用效率、节能率越高，一次能耗率越低，说明系统的技术性能越好。此外，按照 2014 年国家发展和改革委员会等部门出台的《天然气分布式能源示范项目实施细则》规定，天然气分布式能源的能源利用效率必须在 70％以上[1]，这也是天然气分布式能源系统设计时必须遵循的技术标准和基本原则。

---

[1] 国家发改委、住建部、国家能源局：《天然气分布式能源示范项目实施细则》，2014 年。

第六章　天然气分布式能源项目
的经济评价体系

第一节　天然气分布式能源项目的"传统经济性"

一、基于现金流折现法（DCF）的传统经济评价方式

　　能源项目的经济性考察的是项目的经济回报能力。在项目经济评价实务领域，对项目投资的经济回报能力进行评估的基础原则是成本－效益分析（Cost－Benefit Analysis），这一原则要求通过分析项目投资的全部成本和产生的效益之间的差值来评估项目的投资回报。成本－效益分析最早由美国应用于政府公共投资项目，后来逐步扩展到项目投资领域，并在世界范围内得到了广泛的研究和实践。基于成本－效益分析的项目经济评价具体方式主要分为静态分析和动态分析两类。其中，静态分析主要的分析对象是项目的投资利润率、资本金利润率、静态投资回收期等。由于静态分析没有考虑资金的时间因素，因此动态分析更能准确地反映投资行为的真实状况。

　　动态分析方式中最著名的是现金流折现法（Discount Cash Flow，DCF），它起源于 Irving Fisher 的资本价值理论[①]，由美国西北大学的阿尔弗雷德·拉巴波特于 1986 年提出[②]。其原理是把资金的时间成本纳入项目投资收益分析，并认为项目投资的经济收益是其未来现金流在一定的折现率下的现值总和。在

---

　　① 汪文忠：《DCF 方法的局限性研究》，《中国软科学》，2002 年第 2 期，第 111～115 页。
　　② 吕明达：《企业价值评估方法选择及 DCF 估值方法》，《中国外资》，2014 年第 1 期，第 142～143 页。

DCF 方法中资金的时间因素通过折现率得到了体现。在 DCF 方法的框架下，最常见的分析对象是项目的净现值（Net Present Value，NPV），它是项目运营寿命中未来每年净现金流折现值的总和，反映了项目在经济寿命中的获利能力。一般情况下，若项目的净现值大于或等于 0，说明项目的投资回报高于资金的时间成本，则项目投资可行；若项目的净现值小于 0，说明项目的投资回报低于资金的时间成本，则项目投资不可行。

净现值 NPV 是目前项目投资经济评价领域应用最为广泛的指标，该项指标的数值越大，说明项目的经济回报能力越强，项目经济性越好。在天然气分布式能源项目投资的实际应用和相关研究上，也主要以净现值 NPV 指标作为项目经济评价的主要工具。本书前述部分分析发现目前我国天然气分布式能源项目普遍存在经济性预期低下的问题，其中项目"经济性"的具体内容就是指 DCF 框架下的 NPV 评估结果。为便于研究，本书把以净现值 NPV 指标为具体内容的传统经济评价结果定义为天然气分布式能源项目的"传统经济性"。

二、天然气分布式能源项目净现值（NPV）计算模型

（一）天然气分布式能源项目传统经济评价变量选择

从对项目运营收入和运营成本的分析可见，由于天然气分布式能源系统为用户量身定制，在产品数量、天然气耗量等方面均受用户负荷需求的制约，不受自身控制，故产品价格、天然气价格对项目的运营收入、燃料成本产生决定性的影响，而项目运营成本主要由燃料成本、投资造价决定。综合分析，本书将供电价格、供热价格、供冷价格、天然气价、项目造价作为影响天然气分布式能源项目运营效益的主要因素。结合后续部分对天然气分布式能源项目环境补偿经济性及不确定性经济性的研究，考虑将以下变量纳入项目经济评价计算当中（见表 6-1）。

表 6-1 天然气分布式能源项目经济评价变量列表

序号	变量名称	序号	变量名称	序号	变量名称
1	项目运营期	5	电价	9	售电量
2	初始投资	6	热价	10	售热量
3	行业基准收益率	7	冷价	11	售冷量

序号	变量名称	序号	变量名称	序号	变量名称
4	天然气成本在项目现金流出中的占比	8	天然气价	12	耗天然气量

（二）天然气分布式能源项目净现值（NPV）计算模型

在现金流折现法（DCF）框架下，净现值 NPV 的计算公式为：

$$NPV = \sum_{t=0}^{T} \frac{In_t - C_t}{(1+i_c)^t} \tag{6-1}$$

其中，t——项目投资后的年数；

T——项目寿命年数；

In_t——第 t 年的项目现金流入；

C_t——第 t 年的项目现金流出；

i_c——折现率①。

对于天然气分布式能源项目而言，当 $t=0$ 时项目进行投资，尚未产生现金流入，此时的现金流出为项目的投资成本，因此公式（6-1）可表示为：

$$NPV = \sum_{t=1}^{T} \frac{In_t - C_t}{(1+i_c)^t} - I_0 \tag{6-2}$$

其中，I_0 为项目的初始投资成本。

天然气分布式能源项目的运营收入（即现金流入）由供电、供热、供冷三部分收入组成。若设 Q_{et} 为第 t 年售电量，P_{et} 为第 t 年电价，Q_{ht} 为第 t 年售热量，P_{ht} 为第 t 年热价，Q_{ct} 为第 t 年售冷量，P_{ct} 为第 t 年冷价，按照公式（5-1），有：

$$In_t = Q_{et} \times P_{et} + Q_{ht} \times P_{ht} + Q_{ct} \times P_{ct} \tag{6-3}$$

天然气燃料成本在项目运营成本中占比最大，项目年现金支出 C_t 计算公式为：

$$C_t = \frac{Q_{ft} \times P_{ft}}{\beta_t} \tag{6-4}$$

其中，Q_{ft}——第 t 年耗天然气量；

P_{ft}——第 t 年天然气价；

β_t——第 t 年项目天然气成本在现金流出中的占比。

---

① 在项目投资计算中，折现率一般取值为行业基准收益率。

65

公式（6-2）、公式（6-3）、公式（6-4）即为传统经济评价方式下天然气分布式能源项目净现值 NPV 的计算模型，即该类项目"传统经济性"的量化测算模型。

三、"传统经济性"的适应性缺陷

（一）适应性缺陷 I：未体现项目的经济外部性因素

天然气分布式能源在资源高效利用、节能减排降耗、增强供能可靠性、降低建设运营成本等方面较传统方式有明显的优势，对于扩大天然气利用规模、提高天然气利用效率、构建清洁低碳、高效安全的现代能源体系具有重要意义，其具有显著的社会效益是学界和社会的普遍共识。在传统经济评价方式下，该类项目突出的外部效益在项目自身经济性中并未得到正常体现，这也直接导致项目的经济性预期普遍较低。

1. 项目的外部效益在自身运营价格要素中未得到有效补偿

对外部效益显著的新兴产业，政府通常在政策层面给予制度性补偿以推动产业发展，这也是影响项目投资经济回报能力的重要因素。从天然气分布式能源产业的具体情况来看，我国政府于 2011 年出台的《关于发展天然气分布式能源的指导意见》提出了要对产业进行投资奖励或贴息，但之后的诸多能源政策中再未提及对该产业进行直接补贴。截至 2018 年，除上海、长沙、青岛、邯郸等少数地区制定了具体的补贴政策外，国家层面和全国绝大部分地方政府并未出台针对这一产业的直接补贴政策。以四川为例，2017 年 6 月地方政府出台的《关于加强天然气分布式能源项目管理的指导意见》，对该产业在资源高效利用、增强供能可靠性、促进节能减排和绿色低碳发展等方面的作用给予了充分肯定，但明确规定天然气分布式能源余电上网需通过市场化方式形成上网电量及电价，这表明了除前期个别的示范性项目之外，当地政府目前不会对产业进行普遍补贴的政策意图。

天然气分布式能源项目运行涉及天然气价、电价、热价（蒸汽、热水等）、冷价等多种要素价格。在天然气价格上，目前天然气分布式能源项目的用气价格可采用直供气价、终端市场气价两种方式，在这两种方式的价格形成机制中，该类项目与其他工商业用户一致，并未享受特殊优惠。在销售电价上，除极个别示范性项目获得了政府的特殊补贴外，该类项目的上网电价参照对象为常规火电上网电价，直供电价参照对象为电网的销售电价。在热价、冷价上，产品价格由供需双方按照市场化方式协商产生，形成的基础是项目的天然气成本以及可替代的供能形式（如燃煤锅炉、燃气锅炉、电锅炉、电制冷）的用能价格。总体上看，由于政府在产业扶持政策上的保守态度，该类项目并未因为自身诸多的外部效益而在要素价格上得到相应的优惠和补偿。而从公式（6-2）、（6-3）、（6-4）可见，传统的经济评价方式（净现值 NPV）正是以项目自身运营的要素价格为基础，对项目全周期的财务收益状况进行预测。因此，传统经济评价方式在考虑经济外部性因素上存在明显不足。

从政府的角度进行分析，造成这种情况的原因主要在于两个方面：

第一，政府对产业进行政策补贴的动力不足。天然气分布式能源产业发展至今，已投产的项目在整体能源结构中的占比几乎可忽略不计，即使将已核准的项目装机容量全部纳入计算，天然气分布式能源在全国能源产业总量中的比例仍然很小，因此其高效、环保、灵活、安全等方面的作用在全局上体现得并不明显。同时，尽管天然气分布式能源是公认的天然气高效利用方式，但在目前的政策、体制、市场环境下，资源利用效率并不是地方各级政府关注的重点，对于能效管理缺乏相应的标准规范以及实际的考核要求、经济挂钩机制，仅停留在空泛的鼓励和提倡之上，因此政府对天然气分布式能源产业进行直接补贴的意愿并不积极。

第二，政府消解天然气季节性供需矛盾的压力巨大。由于我国天然气储气设施建设滞后，用气高峰、低谷时段不均衡，天然气的调峰压力较大，近两年出现了全国天然气需求短期激增、供应不力的"气荒"现象。在此背景下，政府现阶段应将协调平衡天然气用量、化解短期供需矛盾、促进天然气利用稳定增长作为产业发展的重要原则，对此，国务院专门出台了《关于促进天然气协调稳定发展的若干意见》加以明确[1]。而对天然气分布式能源进行直接政策补贴会刺激该产业的加速扩张，甚至导致大量本身并不具备经济性的项目上马，或滋长出借天然气分布式能源名义变相建设以发电为主要目的的燃气发电项目，这都将进一步加大消解天然气季节性供需矛盾的难度。因此，现阶段的"气荒"问题对天然气分布式能源产业的发展形成了较为明显的制约。

鉴于国家在政策导向上对该产业的鼓励态度，以及 2011 年《关于发展天然气分布式能源的指导意见》中明确表示要给予投资奖励或贴息[2]，投资者普

---

① 国务院：《国务院关于促进天然气协调稳定发展的若干意见》，2018 年。
② 国家发改委、财政部、住建部等：《关于发展天然气分布式能源的指导意见》，2011 年。

遍对于国家、地方政府层面对产业进行直接补贴（如上网电价补贴、投资补贴、天然气价格折让等）持积极态度，并将这一因素提前纳入对项目投资论证的分析预测之中，一定程度上助推了投资主体积极参与项目申请，刺激了市场活跃度。但同时，对政策的错误估计导致大量项目的可行性建立在获得政策性补贴的前提之上，从而造成在缺乏补贴的情况下大量项目的经济性预期过低，已核准项目的实际投资建设普遍滞缓，发展速度、产业规模与计划相比差距巨大。

2. 传统经济评价方法未考虑通过市场化机制获得的额外收益

在能源产业供给侧结构性改革、能源生产和消费革命背景下，近年来国家出台的多项能源政策均对还原能源商品属性、构建有效竞争的能源市场体系、充分发挥市场配置资源的决定性作用、减少政府对能源市场的直接干预等改革内容进行了多次明确。其中，重点强调了建立完善市场化的补偿机制，并以此促进外部效益突出的新兴产业在市场条件下正常发展[①]。

从全球的相关经验来看，各国在建立资源利用效率、供能安全性等方面的市场化补偿机制上仍处于摸索阶段，主要靠政府的产业规划、行业标准进行引导。相比之下，各国对源自产权理论、科斯定理的污染物排放权交易机制已经进行了大量实践。其中，建立在碳排放权理论基础上的碳排放交易是目前相对成熟的市场化补偿机制。我国政府自 2013 年起启动了国内碳排放交易的试点工作，陆续成立了北京、天津、上海、广东、深圳、湖北、重庆七大交易市场，并设计了配额交易与自愿减排交易相结合的交易系统。通过几年的试点运行，我国的碳排放交易市场取得了长足的发展，并在此基础上于 2017 年 12 月正式启动了全国性碳排放交易体系的建设。

天然气分布式能源项目在减少二氧化碳排放方面的优势明显，参与碳排放交易获取额外收益是该类项目通过市场化方式对自身外部效益进行补偿的有效途径。尽管从实际情况来看，由于该类项目的单个体量规模有限、碳减排量绝对值较小以及现阶段国内碳排放交易市场活跃度不够、交易成本较高等原因，该类项目参与碳排放交易的操作性并不高，且市场交易价格无法完全反映项目产生的实际社会效益，但市场化的补偿机制的确是解决经济外部性问题的有效途径，并且可以为项目带来相应的额外收益，而传统的项目经济评价方法并未

---

① 赵立祥、汤静：《中国碳减排政策的量化评价》，《中国科技论坛》，2018 年第 1 期，第 116~122 页。

对这一因素加以考虑。

综合上述分析可见，传统的项目经济评价方式（DCF 框架下的净现值 NPV 指标）以项目自身运营的要素价格为基础，对项目全周期的经济收益状况进行预测。而天然气分布式能源项目在目前的政策条件下，成本、产品的要素价格并未体现该类项目在资源高效利用、节能环保、优化能源结构等方面的诸多外部效益。同时，传统经济评价方法也未对经济外部性内部化的市场化途径加以考虑，并未将相关潜在的额外收益纳入评价体系。因此，传统经济评价方法对天然气分布式能源项目经济性的评估是不充分、不全面的。

（二）适应性缺陷Ⅱ：未考虑不确定性对经济回报能力的影响

现金流折现法（DCF）框架下的净现值 NPV 评价方法的应用建立在几个隐含条件之上，即：投资者在投资决策前掌握项目全生命周期的全部信息，投资者在投资决策后不能根据市场变化做出推迟投资、扩大投资等其他决策行为，投资是可逆的，市场的不确定性会对项目的经济性造成负面影响。但在实际的市场环境中，上述假设并不成立，而且由于自身特定的投资运营模式，天然气分布式能源项目的不确定性特征尤为突出，因此传统经济评价方式在应用于该类项目的经济评价时的准确程度十分有限。

1. 传统评价方式忽视了项目投资者的柔性决策行为

传统经济评价方法要求投资者根据投资前获取的项目和市场信息，对未来的项目投资收益进行预测，并一次性对是否投资进行决策。而在实际的投资情形下，一方面，市场环境、技术进步、产业政策等因素无时无刻不在发生变化，投资者在投资前获得的信息会随着时间推移逐渐变化甚至失效。另一方面，在投资者持有项目的过程中，影响项目经济性的各种不确定性（如政策变化、价格变化等）将不断得到兑现，投资者在得到这些不断明确的信号后，将进一步做出有针对性的投资行为，如扩大投资、收缩投资、放弃投资、进行新的投资等，即投资者的柔性投资行为。而这些等待和推迟决策在大多数情况下是有经济价值的，可以帮助投资者更准确地判断市场情况、控制投资风险，有利于投资者获取更大利益。

这种柔性经营行为使投资者拥有如金融市场一样的期权合约（看涨期权合约和看跌期权合约），投资者可以在市场条件有利的时候实施类似于看涨期权合约的相应策略，而在市场条件不利的时候实施类似于看跌期权合约的相应策略，这既可以抓住新的机会扩大收益，又可以控制投资风险、避免损失，以争取利益最大化。因此，这些柔性经营行为有可能会明显提升项目投资的经济回报能力[①]，而这些因素在传统经济评价方式下并未得到充分考虑。

2. 传统评价方式忽视了项目投资的不可逆性

传统经济评价方法认为投资后项目是可逆的，即投资者可以在任何时候撤回投资，按照项目的资产原价转让变卖项目，而不用承受其他损失[②]。但上述假设在绝大多数的实际投资环境中并不成立，这在天然气分布式能源项目上表现得尤其明显：一是该类项目投资的可行性建立在满足特定用户的产品、服务需求之上，因此投资形成的资产通常具有专属用途，无法用于其他领域和场合，而这种专属用途可能在资产转卖的过程中消失，导致资产价格缩水。二是天然气分布式能源项目投资的设备、技术等资产内容，本身会随着时间的推移发生价格损失，如原本先进、适用的设备会由于技术进步而变得不再适用，或设备因为长年使用导致性能下降，从而其资产变现的价格也相应下降。三是天然气分布式能源项目投资的内容不仅是设备、建筑的投资，还包括人力资源、组织构建、管理成本等无形支出，这些都将在投资建设期结束后进入投资总金额之中，而这些组成部分难以在资产变现的时候得以体现。

3. 传统评价方式忽视了项目不确定性对项目经济性的提升作用

在传统经济评价方法下，天然气分布式能源项目未来的净现金流通常被假定为固定的，若项目的净现金流存在可预见的不确定因素，可应用风险调整贴现率等方法对净现金流进行调整。但这些方法的共同理论原则是，项目的不确定因素都是"风险"，会对项目的经济性产生负面影响，即项目的可变因素越多、不确定性越大，项目经济性预期越低。而从期权的观点出发，不确定性扩大了投资未来收益的波动范围，由于投资者可针对不利局面采取措施降低损失，因此扩大的波动范围将增加项目的投资收益，即影响项目投资的可变因素越多、不确定性越大，项目经济性越高。两者的差别如图 6-1 所示。

---

① 马蒙蒙、蔡晨、王兆祥：《基于二叉树期权定价模型的企业 R&D 项目价值评估研究》，《中国管理科学》，2004 年第 3 期，第 22~27 页。

② 王海滋：《不可逆投资理论对传统投资决策原则的挑战》，《求索》，2007 年第 1 期，第 21~23 页。

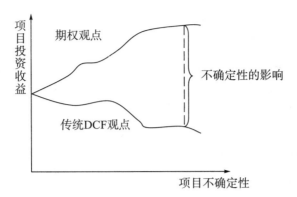

图6-1　传统 DCF 观点与期权观点在不确定性与投资收益关系上的差异

从本书前述部分对天然气分布式能源自身特点的分析可见，该类项目与传统能源项目相比，在投资运营上具有"多头在外"的特征。项目受天然气气价、电价、热价、冷价等多种价格因素影响，在运营状况上与下游用户本身的运营状况紧密相关，由于用户类型的种类繁多，导致天然气分布式能源项目在技术方案、生产工艺上也难以统一，因此该类项目的不确定性十分突出。而在传统 DCF 经济评价方式下，市场条件变化、投资者的柔性投资行为等因素被忽视，项目的不确定性对项目经济回报能力的正面影响并未被纳入项目投资经济性的评价范围，这也是传统经济评价方式应用于天然气分布式能源项目的一大重要缺陷。

四、构建"综合经济评价体系"的基本思路

根据本书前述研究，项目经济性预期普遍较低是造成天然气分布式能源项目投资市场观望情绪浓厚、实质性投资建设滞后的主要原因。而基于现金流折现法（DCF）的传统经济评价方式仅从项目自身运营收入成本角度对项目投资回报进行测算，既未体现天然气分布式能源项目的经济外部性因素，也未考虑不确定性对项目经济回报能力的影响，明显存在与该类项目不相适应的缺陷。因此，针对传统经济评价方式的不足进行改进，对于刺激市场投资、促进产业发展十分必要。

（一）考虑生态产品对经济性的补充

天然气分布式能源是天然气高效利用的最佳途径，与传统供能方式相比，其在二氧化碳、二氧化硫、氮氧化物和固体颗粒物减排方面优势明显，因此具

有显著的环境保护效益。在现行的市场、政策条件下，天然气分布式能源项目在资源高效利用、节能减排降耗等方面的外部效益并不能在项目自身的成本、价格因素中得到体现，DCF 框架下的传统经济评价方式也未对经济外部性的市场化补偿因素加以考虑，因而存在明显不足。而天然气分布式能源项目产生的污染物减排效果，是在项目技术系统生产电、热、冷等具体能源产品的同时伴生的另一类"生态产品"，在一定的市场条件下可以通过交易得到兑现，从而提升项目投资的经济回报能力。因此，应该将污染物减排效果这种"生态产品"纳入天然气分布式能源项目的经济评价体系之中加以考虑。

（二）考虑不确定性对经济性的影响

天然气分布式能源项目具有边界条件多、价格要素多的特点，在投资运营上的不确定因素本身就较传统能源项目更多，不确定性因素对项目经济回报能力的影响作用也更加突出。但是，DCF 框架下的传统经济评价方式忽视了项目投资者的柔性决策行为和项目投资的不可逆性等因素，单纯地把不确定性视同为降低项目经济回报能力的"风险"，没有充分考虑不确定性与项目经济性的有机关联，因此在应用于天然气分布式能源项目经济评价时具有明显的适应性缺陷。而从已有文献和现实案例来看，也确实大量存在项目的实际经济回报表现与投资、建设决策阶段的传统经济评价结果差异巨大的现象。因此，客观分析不确定性对项目经济性的影响作用，对于改进天然气分布式能源项目经济评价方式具有重要意义，有助于在项目投资决策时准确评价项目的经济回报能力。

第二节　天然气分布式能源项目的"环境补偿经济性"

一、碳排放的经济负外部性

经济外部性是指某一经济主体的行为除了给自身带来收益之外，还对外界其他人产生了影响，而该经济主体并未承担这种影响产生的后果或得到相应的补偿（也称作溢出效应、外部效益）。外部性概念最早源于马歇尔于 1890 年发表的《经济学原理》中的"外部经济"概念，Arthur Cecil Pigou 在 1920 年出版的《福利经济学》一书中系统地研究了外部性问题。Garrett Hardin 于 1968 年研究了一个典型的外部性案例：一群牧民在公共草场上放羊，每一位牧民为了增加个人的放牧收益，会不断增加自己所放牧的羊的数量，而羊的数量增加会造成公共草场的退化。在缺乏公共管理机制的情况下，每一位牧民只有增加羊的数量的动机，而没有减少羊的数量的任何激励，因为牧民不会承担公共草场退化的成本。如此发展下去，公共草场会因为过度放牧而最终彻底退化至丧失功能，这就是经典的"公地悲剧"（The Tragedy of the Commons）。

温室气体（Greenhouse Gas，GHG）是大气中吸收地面反射的太阳辐射并重新发射辐射的一些气体，除了水蒸气之外，主要为二氧化碳（CO_2）、氧化亚氮（N_2O）、六氟化硫（SF_6）、氢氟碳化物（HFCs）、全氟化碳（PFCs）、甲烷（CH_4）等，其中二氧化碳的比重超过了80%[1]。人类的生产和消费活动会导致温室气体的排放，如煤炭燃烧、吸烟、人畜粪便、工业污染等，最主要的来源是化石燃料（煤、石油、天然气）的燃烧[2]。

地球的温度来自太阳光的辐射，在平衡状态下（自然温室效应），其中约30%的辐射被大气层、云层、地表直接反射，约20%被大气吸收，约50%用于加热地球表面，此时地球表面的温度被加热到平均14℃，为人类及其他生物生存创造了一个适宜的良好环境。而温室气体在大气层中的积累会打破太阳辐射、吸收、反射的平衡，截留地球向外辐射的能量，使地球表面温度升高，这即是所谓的"温室效应"。温室效应会带来诸如海平面上升、冰川融化、气候异常、生态系统遭受破坏等一系列严重后果，会对人类的生存环境造成巨大的损害。近一百年间，除极个别海洋地区外，全球范围的气温均明显上升，最高增幅达2.5℃左右。而从20世纪80年代开始，全球平均温度呈现出持续上升的趋势。根据联合国政府间气候变化专业委员会（Intergovernmental Panel on Climate Change，IPCC）的预测，2100年地球表面温度将比现在上升2.6~4.8℃，并将产生一系列负面影响：

（1）预计陆地较海洋的温度变化更明显，其中北半球高纬度地区温度上升幅度最高，南半球海洋区域及北半球部分海洋区域温度上升幅度最小。

（2）冰山、冰层、海冰均会明显减少，全球海平面至2100年将明显上升。

（3）高海拔地区降水将明显增多，低海拔地区降水将明显减少。洪水、干旱的情况将更加严重。

（4）极热天气、台风、暴雨等极端天气将更加频繁。

---

① 萨布海思·巴塔查亚：《能源经济学——概念、观点、市场与治理》，冯永晟、周亚敏译，经济管理出版社，2015年，第578页。

② 国务院发展研究中心课题组：《全球温室气体减排：理论框架和解决方案》，《经济研究》，2009年第3期，第4~13页。

（5）由于温度上升、气候变化，粮食生产将面临更大的不确定性。

早在 19 世纪末，"温室效应"的概念被科学界首次提出，温室气体排放尤其是二氧化碳排放（碳排放）的问题就已进入了人们的视野①。但在相当长的时期内，碳排放并未引起社会各界和各国政府的真正重视，产生碳排放的人类生产消费活动并未受到任何有效管理，绝大部分处于失控状态，因此产生碳排放的生产消费行为具有明显的负外部性。碳排放的负外部性有两个显著特征：一是二氧化碳随着大气环流在全世界范围内覆盖，因此碳排放的负外部性具有全球性；二是二氧化碳积累造成的"温室效应"会在相当长一段时间持续存在，因此碳排放的负外部性又具有代际性。

20 世纪 70 年代以来，日益严重的全球变暖、环境污染、极端气候频发等问题引起了社会的广泛关注和科学界的大量研究。1988 年，联合国政府间气候变化专业委员会（IPCC）正式成立，这是世界范围内成立的第一个专门应对气候变化问题并协调推动各国实施温室气体减排的权威性组织。IPCC 先后于 1990 年、1995 年、2000 年、2007 年、2014 年发布了五次评估报告，对全球气候变化的情况以及带来的严重后果进行了全面研究和阐述，气候变化从单纯的科学课题逐渐演变为经济课题、政治课题，甚至影响全人类共同命运的战略性课题，而各国政府也纷纷开始重视温室气体排放问题并积极介入相关事务。由于二氧化碳是温室气体的主要组成部分，因此要遏制温室效应的持续恶化，控制二氧化碳的排放尤为重要。对此，各国政府在碳排放的补偿机制和管控模式上进行了大量的尝试和探索。

二、碳排放交易的理论背景

实现经济外部性内部化的主要方式是通过制度设计将经济主体对社会产生的影响反射到经济主体本身，从而消除外部性引起的市场失灵，通常的方式有政府对经济主体进行直接补贴（或惩罚）或通过市场机制来实现资源有效配置。Ronald Coase 于 1960 年在《社会成本问题》中对交易成本、产权分配与资源配置效率的关系进行了研究。他指出：第一，在交易成本为零的情况下，不管产权如何进行分配，通过经济主体之间的协商谈判和市场交易，全社会的资源配置都会达到帕雷托最优；第二，在交易成本不为零的情况下，不同的产权界定和分配，会给全社会带来不同的资源配置结果。这就是著名的科斯定理

① 孟早明、葛兴安：《中国碳排放权交易实务》，化学工业出版社，2016 年，第 1~2 页

（Coase theorem）。不过，一方面，由于在现实的市场环境中市场交易成本不可能为零，甚至可能远远大于零，因此科斯定理的第一种假设条件是难以满足的，也就是说完全依靠市场机制校正经济外部性是不现实的，但它为以市场方式解决经济外部性问题提供了一种新的思路。另一方面，科斯定理的第二种假设指出了制度安排对于资源配置效率的重要性，也就是说要优化社会资源配置，就必须重视产权的分配和选择。可以说，科斯定理为 20 世纪 70 年代开始出现并日益严重的环境污染治理问题的解决提供了新的理论依据。

在科斯定理的理论支持下，研究界逐步提出了污染物排放权的概念，它是指人类（包含经济主体）为自身和全人类的生存和发展需要，通过法律形式所分配的向环境排放污染物的权利，其本质是对环境容量的限量使用权。污染物排放权不具备实物形态，但具有在不同主体间进行交易的基本属性。其一，排放主体获得污染物排放权可以满足其在生活、生产过程中的某种需要，因此污染物排放权具有一定的交换价值。其二，由于生产方式、技术水平的差异，同样数量的污染物排放权对于不同的排放主体所蕴含的经济价格（或减排成本）不同，这种不同促使污染物排放权在不同主体间进行转让和流动，因此污染物排放权在本质上可以视作一种无形资产。

在此前提条件下，各权利主体在法律规定的市场规则下将排放污染物的权利进行转让，便形成了污染物排放交易。这种排放权的交易理念首先由美国国家环境保护局（Environmental Protection Agency，EPA）进行了实践（为了有效防治酸雨现象，1990 年美国出台了《清洁空气法修正案》，建立了发电厂二氧化硫排放许可和跨区域排放权交易制度），随后在澳大利亚、英国、欧盟等地逐渐发展。除了污染物排放交易之外，各国政府为有效控制污染物排放的常见措施还有生产量限制、行政处罚等行政控制措施及另一种市场化手段——对污染排放征税。从政策实施的实际效果来看，市场化手段（排放交易、污染物征税）比行政控制手段在节约交易成本、调动经济主体积极性、促进技术创新等方面的优势明显。而污染物排放交易和污染物征税这两种市场化手段在机制运行上各有利弊，其中污染物排放交易的信息成本更低，但对污染物征税在实施成本方面更具优势。随着环保理念的日益增强，减排政策逐步为社会和经济主体所理解和接受，污染物排放交易机制因其在减排总量目标上的明确性和全球范围内的统一适用性而更具发展潜力[①]。目前，世界上应用范围最广的污

---

① 曾刚、万志宏：《国际碳交易市场：机制、现状与前景》，《中国金融》，2009 年第 24 期，第 48~50 页。

染物排放交易机制为二氧化碳排放交易（碳排放交易）。

三、天然气分布式能源项目的生态产品：碳减排效果

按照能源利用是否对环境产生污染，可将能源分为清洁能源、非清洁能源两种类型。其中，清洁能源的使用对环境不造成污染或污染较小，如水能、太阳能、风能等；非清洁能源对环境会造成较明显的负面影响，如煤炭、石油、生物质能等。应当注意的是，清洁能源与非清洁能源的定义并不是与能源的自然资源形态完全绑定的，其与能源使用的方式、技术以及社会在不同阶段对环保的要求都有联系，是一个相对的、可变的概念。例如，风力发电是传统意义上的清洁能源，对环境不产生污染物的排放，但随着近年来雾霾天气的多发，大规模的风力发电在改变大气环流方面的副作用逐渐进入了人们的视野，其对环境的负面影响引起了学界重视，风电的"清洁能源"形象也受到越来越多的质疑。又如，天然气属于化石能源，在使用中（通常为燃烧）会产生二氧化碳以及二氧化硫、氮氧化物和固体颗粒物等，但同煤炭、石油相比，同样能量输出条件下天然气的污染排放物明显较少，因此天然气又是三大化石能源中最为清洁的一种，也是我国改善以煤炭为主的能源消费结构、提升能源利用清洁度的主力替代品种。

天然气分布式能源作为公认的天然气高效利用方式，具有高效、节能、安全、环保等特点，与传统供能方式相比，其在二氧化碳、二氧化硫、氮氧化物和固体颗粒物减排方面优势明显，其中最突出的减排效果体现在二氧化碳减排上。具体来看，天然气分布式能源项目的碳减排效果可从四个不同层面来分析。

（一）与传统燃煤供热方式在二氧化碳排放量上的比较

天然气的主要成分是甲烷（CH_4）、煤的主要成分是碳（C），与煤炭相比，在产生相同热量的情况下，天然气燃烧产生的 CO_2 显著下降[①]。而我国传统的工业企业热负荷（蒸汽、热水）、城市居民集中供热（长江以北地区）、商业事业单位的生活生产供热（如医院、学校）基本上采用燃煤锅炉的供应方式，若在有条件的地方全部改为以天然气为供热的一次能源，将大幅降低二氧

---

① 王侃宏、袁晓华、刘宇等：《天然气分布式能源系统碳减排分析》，《科技创新与应用》，2013年第 7 期，第 118～119 页。

化碳的排放。这也是我国近年来大规模推进实施"煤改气"政策的主要依据。

（二）与单纯天然气锅炉、天然气发电方式在能源利用效率上的比较

单纯的天然气锅炉和天然气发电是将天然气简单作为煤的替代品来使用，其在能源利用效率上的表现仍然较差。天然气蕴含的近一半的能量以热能的形式被排入了大气。与之相比，天然气分布式能源项目由于实现了能源的梯级利用，在能源利用效率上明显更优。从这个角度分析，同样的天然气使用量能够产生更多的能源产品，在相同的能源产品需求条件下所耗费的天然气资源更少，进一步减少了二氧化碳的排放量。

（三）与远距离供能方式在能量损耗上的比较

无论是传统的集中供电还是城市集中供热方式，远距离的传输都会造成显著的能量损耗。天然气分布式能源项目都建在用户附近，其定义之一是能量实现"就近消纳"，这种就近消纳的方式可以大幅减少在传输过程中产生的能量损失，这也进一步提升了天然气分布式能源的减排效果。

（四）与电网集中供电方式在二氧化碳排放因子上的比较

天然气分布式能源项目在电力供应上通常采用"自发自用"的方式，即用户优先就近使用天然气分布式能源项目产生的电力，不足部分（或富余部分）通过电网解决（或消纳）。在此模式下，天然气分布式能源项目的发电量替代了原本从电网下载的电量。我国目前的电力供应结构仍然以燃煤火电为主（见图 6-2），天然气发电及水电、风电、太阳能发电等清洁能源所占比例仍然较低，因此电网集中供电对应的二氧化碳排放也主要来自燃煤电厂。如前述分析，在产生相同的能量情况下，燃烧天然气产生的二氧化碳比燃煤要大幅减少，因此，使用天然气分布式能源项目生产的电力与从电网下载电量相比，在二氧化碳的排放上将明显减少。这一情况在我国不同省份具有区域性特点，如在西北风电富集、西南水电富集区域，由于清洁能源比重较大，因此相应的电网排放因子也较低；而在东部省份，燃煤火电占绝对主导，因此电网排放因子较高，从而天然气分布式能源项目的减排效果也更为明显。

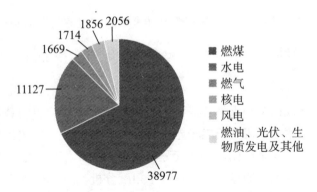

图 6-2　全国各类发电总量（单位：亿千瓦时）[1]

从上述分析可见，天然气分布式能源项目这一新兴的供能方式与传统供能方式相比在二氧化碳减排上具有明显的优势，这也是该类项目的重要外部效益之一。从产生这种碳减排效果的原因来看，其一是天然气自身具有与其他化石能源品种不同的成分结构，其二是天然气分布式能源系统采用了特殊的资源梯级利用方式。

四、天然气分布式能源项目"环境补偿经济性"的内涵

根据前述分析，天然气分布式能源项目在二氧化碳减排方面较传统供能方式优势明显，具有显著的碳减排效果。在碳排放交易机制下，碳减排量可以在市场中出让并产生相应的经济回报。因此，碳减排效果在本质上可以视为一种节约型的"生态产品"。在实际的市场环境中，碳排放交易机制为天然气分布式能源项目的碳减排"生态产品"的经济兑现提供了现实途径。天然气分布式能源项目可以将自身的碳减排数额出让给碳排放超过限额、需要购买"碳排放量"的需求方，从而获取经济收益。这种经济收益是项目出售电、热、冷等能源产品之外的额外收益，可提高项目的经济回报能力，应该纳入项目经济评价的体系之中。基于此，本书将这类额外收益定义为"环境补偿经济性"[2]。

碳排放交易的价格受到供需数量、环保政策、经济形势、技术水平等多种

---

① 《中国电力年鉴》编辑委员会：《中国电力年鉴（2016）》，中国电力出版社，2016 年，第 668～672 页。

② 天然气分布式能源项目的环境保护效益不仅体现在碳减排上，还包括二氧化硫、氮氧化物、固体颗粒物减排等方面，但鉴于碳排放交易机制是目前应用相对广泛的经济外部性内部化方式，因此本书将碳减排收益定义为"环境补偿经济性"，以此作为对传统经济评价方式的拓展和补充。

因素的影响，并以市场方式不断调节，碳减排因素能够为天然气分布式能源项目带来的经济收益的多少取决于碳排放量的市场价格。

将碳减排生态产品纳入经济评价范畴实际上是对项目收益的来源范围进行了扩大，并相应地增加了经济性的数额，因此"环境补偿经济性"是对"传统经济性"的一种补充。按照市场均衡理论，在充分有效的市场交易环境下，市场价格应该反映产品的边际生产成本，因此碳减排效果的市场价格可以用对应的边际生产成本（即减排成本）来衡量，其含义是为了达到特定的碳减排效果而必须付出的经济成本。尽管在目前的市场条件下，天然气分布式能源项目的"环境补偿经济性"并不能通过碳排放交易机制得到完全、充分的实现，但对"环境补偿经济性"的具体数额即碳减排效果所对应的潜在经济价格（碳减排边际成本）进行评价仍然十分必要。其意义在于：第一，可以为政府制定产业政策和加快发展完善碳排放交易机制提供参考，使"环境补偿经济性"尽快得到充分兑现，实现天然气分布式能源项目经济外部性内部化；第二，一旦"环境补偿经济性"兑现（无论是政策补贴方式，还是市场化方式），将有效提升天然气分布式能源项目的投资回报能力，因此准确评价这部分潜在经济收益有助于增强投资者信心，促进产业发展。

五、天然气分布式能源项目"环境补偿经济性"的计算模型

（一）碳减排基准线的定义和减排量计算方法

碳减排基准线是指在投资建设减排项目之前，为向用户提供与减排项目相同的产品（服务）而可能存在的生产方式和场景，其相应的碳排放量即为碳减排的基准线排放量。通过将基准线排放量与减排项目的实际排放量相比较，可得到减排项目带来的减排量。其中，项目泄漏量是指在项目燃料提取、处理、液化、运输等过程中产生的排放物泄漏（如天然气传输中的管道泄漏、氟化物制冷剂使用时向大气泄漏）。

碳减排量 ＝ 基准线碳排放量 － 项目碳排放量 － 项目碳泄漏量

$$(6-5)$$

碳减排基准线是一种假设的情形，它代表了不建设减排项目时的合理排放水平。基准线识别必须建立在符合国家和项目所在地法律法规、具备资源条件、具有实际操作性等基础之上。在同时存在多种可能的替代方案时，应该选

择最佳（最优）情景作为减排基准线。

对于天然气分布式能源项目而言，天然气是唯一原料，因此碳排放量均来源于天然气燃烧所产生的二氧化碳。其项目产品分为电、热、冷等多种类型，这在可替代的情形中通常由不同的生产系统提供，因此在计算基准线排放量时应综合考虑不同产品对应的基准线情形。计算公式如下：

$$项目基准线碳排放量 = \sum_{i=1}^{n} 供能产品对应的碳排放量_i \qquad (6-6)$$

其中，"供能产品对应的碳排放量$_i$"为基准线情形下生产第 i 种能源产品所对应的碳排放量（共 n 种）。

（二）基准线碳排放量

天然气分布式能源的供能对象通常为具备稳定的冷、热负荷和一定用电需求的商业用户，如医院、酒店、商场等，或是工业用能集中的工业园区。对于不同的用户类型，天然气分布式能源项目的建设方式、技术路线不同，对应的基准线情形也不同。根据国内天然气分布式能源行业的发展现状，选取第一类最为常见的项目场景进行分析，具体的场景描述如表 6-2 所示。

表 6-2　天然气分布式能源项目投资的典型场景描述

用户类型	商场、医院、酒店、商业综合体
用能需求	电、蒸汽、热水、空调制冷
项目替代用能方式（基准线情景）	电网供电、燃气锅炉供热、电制冷
项目建设后用能方式	天然气发电、余热供蒸汽热水、溴化锂吸收式制冷机制冷
其他情况	无燃料泄漏、无制冷剂泄漏导致的排放

表 6-2 描述的项目基准线情形涉及的能源产品为电、热、冷三种。根据公式（6-6），基准线碳排放量由供电产生的碳排放量、供热产生的碳排放量、供冷产生的碳排放量组成，相应的计算公式为：

$$BE_t = BE_{et} + BE_{ht} + BE_{ct} \qquad (6-7)$$

其中，BE_t——项目基准线第 t 年的排放量；

BE_{et}——项目第 t 年的电量对应的基准排放量；

BE_{ht}——项目第 t 年的热量对应的基准排放量；

BE_{ct}——项目第 t 年的冷量对应的基准排放量。

1. 电量对应的基准线排放量

由于基准线的电力来自电网，因此基准线电量对应的碳排放应以电网所载电力的平均发电排放量作为依据。设项目第 t 年的供电量为 Q_{et} ，电网排放因子为 EF_{et} ，则有：

$$BE_{et} = Q_{et} \times EF_{et} \qquad (6-8)$$

2. 热量对应的基准线排放量

由于基准线的供热来自燃气锅炉，因此基准线热量对应的碳排放应为天然气燃烧产生的碳排放。设项目第 t 年的供热量为 Q_{ht} ，EF_{ft} 为第 t 年的天然气排放因子，η_h 为基准线燃气锅炉的效率，则有：

$$BE_{ht} = \frac{Q_{ht}}{\eta_h} \times EF_{ft} \qquad (6-9)$$

3. 冷量对应的基准线排放量

由于基准线的供冷方式为电制冷，所用电力来自电网电量，因此基准线供冷对应的碳排放应为所用电网电力对应的碳排放。设项目第 t 年的供冷量为 Q_{ct} ，电网排放因子为 EF_{et} ，基准线制冷系统的性能系数（冷电比）为 COP ，则有：

$$BE_{ct} = \frac{Q_{ct}}{COP} \times EF_{et} \qquad (6-10)$$

（三）项目碳减排量

采用天然气分布式能源方式供能后，项目通过天然气燃烧发电，再利用余热制热、制冷，因此项目的碳排放量全部来自天然气燃烧所产生的二氧化碳。在不考虑天然气泄漏的情况下，项目的排放量 PE_t 计算公式为：

$$PE_t = PE_{ft} = Q_{ft} \times \rho \times EF_{ft} \qquad (6-11)$$

其中，PE_{ft} ——项目第 t 年的天然气燃烧碳排放量；

Q_{ft} ——第 t 年项目消耗天然气量；

ρ ——天然气的低位热值。

将公式（6-8）、公式（6-9）、公式（6-10）、公式（6-11）代入公式（6-5）计算，可得天然气分布式能源项目的年减排量 ΔE_t 为（不考虑碳泄漏）：

$$\Delta E_t = BE_t - PE_t$$

$$= Q_{et} \times EF_{et} + \frac{Q_{ht}}{\eta_h} \times EF_{ft} + \frac{Q_{ct}}{COP} \times EF_{et} - Q_{ft} \times \rho \times EF_{ft}$$

$$= \left(Q_{et} + \frac{Q_{ct}}{COP}\right) \times EF_{et} + \left(\frac{Q_{ht}}{\eta_h} \quad Q_{ft} \times \rho\right) \times EF_{ft} \qquad (6-12)$$

（四）碳减排量影子价格

按照本书前述分析，碳减排效果的经济价格可以用生产成本（即减排成本）来衡量。在充分有效的污染物排放权交易机制下，排放权的交易价格应该反映污染物排放的边际成本，过高或过低的市场交易价格会导致排放者（购买者）和减排者（出售者）缺乏参与市场的动力。但目前国内碳排放交易市场仍处于发展初期，市场交易量较低且流动性不足，市场交易价格严重低估，不能充分反映现阶段我国二氧化碳减排的边际成本[1]，因此碳排放市场的实际交易价格不能准确测算天然气分布式能源项目的"环境补偿经济性"。

影子价格（Shadow Price）是指在既定资源约束条件下实现目标函数时得到的对偶解，通常被应用于解决有限的资源条件下产出最大化的问题[2]。随着20世纪80年代以来环境污染问题的持续恶化，影子价格理论逐渐被学者应用于对环境污染造成的经济损失（成本）的研究之中。在理论应用上，通常是在多投入-多产出的生产模型假设下，将污染物排放作为负外部性的非期望产出，同时将GDP、工业总产值等指标作为正常的期望产出，并基于估计距离函数和成本函数之间的对偶关系推导出非期望产出相对于期望产出的影子价格。该影子价格的含义是减少一单位非期望产出所需承担的机会成本，也可以解释为非期望产出的边际减排成本。这种边际减排成本可以从两个角度来理解：其一是在现有的生产方式不变的前提下，减少一单位污染物排放所对应的期望产出（如GDP）的减少数量；其二是在改进生产方式的前提下，增加一单位污染物减排量所需增加的生产成本。

鉴于影子价格体现了污染物排放和期望产出之间的相对关系，因此其可以用于衡量和核算环境污染所造成的经济损失，同样也适用于对污染物减排量所对应经济价格的评估。由此可见，影子价格工具对于碳排放交易定价具有重要

① 陈欣、刘延：《中国二氧化碳影子价格估算及与交易价格差异分析——基于二次型方向性距离产出函数》，《生态经济》，2018年第6期，第14~20、50页。
② 陶雅洁、石怀旺：《基于影子价格视角的资源型企业管理路径研究》，《审计与理财》，2019年第1期，第43~45页。

的实用意义，它能够从边际产出的角度体现碳排放权的稀缺性，可以为市场投资者评价环保项目的碳减排价格提供相对科学的参考。在目前碳排放交易市场机制尚不成熟、市场流动性较差、交易价格不能正常反映减排成本且天然气分布式能源项目参与市场交易的障碍较多的背景下，二氧化碳排放影子价格可以作为评估该类项目碳减排外部效益的基础价格要素。

　　影子价格的计算方法主要分为参数法和非参数法两类。根据估计距离函数的不同，参数法又可分为基于 Shepard 投入距离函数、Shepard 产出距离函数、方向性距离函数等三类。其中，基于方向性距离函数的参数化方法考虑了在降低非期望产出（污染物排放）同时增加期望产出的有效路径，使用范围最为广泛。非参数法建立在数据包络分析基础之上[1]，这种方法不需要对方向性距离函数进行先验假设。陈诗一（2010）[2] 使用两种方法对我国工业二氧化碳排放影子价格进行了计算，发现在两种不同的方法下得出的影子价格数据和变化趋势基本一致。由于篇幅所限，本书不对二氧化碳影子价格计算模型展开推导和研究，将基于已有文献的研究结论进行应用。

（五）天然气分布式能源项目绿色现值（GPV）计算模型

　　设国内二氧化碳排放的影子价格（即碳减排边际成本）为 $P_{\Delta t}$，则天然气分布式能源项目每年的碳减排效果对应的市场价格 GIn_t 为：

$$GIn_t = \Delta E_t \times P_{\Delta t}$$
$$= \left[\left(Q_{et} + \frac{Q_{ct}}{COP}\right) \times EF_{et} + \left(\frac{Q_{ht}}{\eta_h} - Q_{ft} \times \rho\right) \times EF_{ft}\right] \times P_{\Delta t}$$

$$(6-13)$$

　　假设碳排放交易市场机制完全成熟，市场价格与碳排放影子价格一致，天然气分布式能源项目的碳排放效果可以通过市场交易得到有效补偿（或者政府基于影子价格，对该类项目进行可以充分体现碳减排效果的政策补贴），则这部分收益可以视作天然气分布式能源项目每年的收入在项目本身运营收入基础上增加的碳排放交易所得部分。本书前述部分对"环境补偿经济性"的内涵进行分析时已经指出，碳减排"生态产品"是伴随天然气分布式能源项目的电、热、冷等能源产品的生产过程同步产生的，并不消耗额外的成本。因此，在项

　　① 盛鹏飞、杨俊：《中国能源影子价格的区域异质与收敛——基于非参数投入距离函数的估计》，《产业经济研究》，2014 年第 1 期，第 70～80 页。

　　② 陈诗一：《工业二氧化碳的影子价格：参数化和非参数化方法》，《世界经济》，2010 年第 8 期，第 93～111 页。

目本身的传统净现值 NPV 之外，这部分"环境补偿经济性"（即碳减排收益）的现值 GPV 可表示为：

$$GPV = \sum_{t=1}^{T} \frac{GIn_t}{(1+i_c)^t} \qquad\qquad (6-14)$$

其中，

$$GIn_t = \left[\left(Q_{et} + \frac{Q_{ct}}{COP}\right) \times EF_{et} + \left(\frac{Q_{ht}}{\eta_h} - Q_{ft} \times \rho\right) \times EF_{ft}\right] \times P_{\Delta t}$$

上述模型所涉变量的初始数据均可在项目投资前通过自定、协商、方案设计、查询等较为便捷的方式取得（见表 6-3），有助于投资者在投资评估时进行测算。

表 6-3　典型天然气分布式能源项目碳减排收益计算涉及的变量列表

变量名称	数据获取方式	变量名称	数据获取方式
项目运营期（T）	自定	折现率（i_c）	自定
电网排放因子（EF_{et}）	官方发布数据	售电量（Q_{et}）	用户确定
天然气排放因子（EF_{ft}）	官方发布数据	售热量（Q_{ht}）	用户确定
天然气低位热值（ρ）	官方发布数据	售冷量（Q_{ct}）	用户确定
基准线供热系统的效率（η_h）	设备参数	耗天然气量（Q_{ft}）	依据用能需求、装机方案确定
基准线制冷系统的性能系数（COP）	设备参数	碳减排影子价格（$P_{\Delta t}$）	相关研究数据

由于公式（6-14）测算的是天然气分布式能源项目碳减排"生态产品"所产生收益的净现值，因此将其定义为该类项目的"绿色现值 GPV"，也就是"环境补偿经济性"的量化测算模型。尽管在目前的政策、市场条件下，这种"绿色现值 GPV"并不能得到完全兑现，但这种以碳减排量影子价格为基础的测算模型反映了碳减排的边际成本，客观体现了碳减排行为蕴含的经济价格，也是政策制定和市场定价的理论依据。随着产业政策和市场化补偿机制的健全，碳减排效益对项目经济回报能力的影响将逐步显现，并在数额上逐渐向"绿色现值 GPV"回归。因此，投资者可以将"绿色现值 GPV"作为"净现值 NPV"的重要补充因素，纳入天然气分布式能源项目经济评价体系之中。

第三节　天然气分布式能源项目的"不确定性经济性"

一、实物期权理论基础

现金流折现法（DCF）框架下的传统项目经济评价方法的一大不足在于没有考虑市场的不确定变化、投资者在初始投资决策行为之后的再决策及项目经营者的可变柔性经营策略等因素对项目投资经济性的影响[①]。针对这一不足，学者将金融领域的期权定价理论在实物投资领域进行延伸，即产生了实物期权（Real Option）的概念，以此对项目的经营灵活性、不确定性因素进行分析。该理论认为项目投资过程和金融期权有类似特点，投资者拥有选择是否行使期权的权利来扩大收益和限制损失，其研究对象是现金流的所有可能变化范围，即项目未来现金流的概率分布状况，以及投资者在不同状况下的决策选择。实物期权的理念最早由 Stewart Myers 于 1977 年提出，他指出项目的投资回报来自两个部分：一是项目自身运行所产生的收益（项目内含价值）；二是因为项目投资而伴生的其他机会价值（项目机会价值），并把项目的未来投资机会视作一种"增长期权"，也就是指未来投资机会给予了项目投资者一种按照约定价格（性质如期权执行价格）获取资产的权利而非义务（性质如看涨期权）。后续学者的研究进一步认为，如果投资行为具有管理上的灵活性，则其投资回报在净现值的基础上得到了扩展，项目投资回报应为净现值与灵活性价值之和。而且，投资者可以在投资后的未来视实际情况做出相应的灵活决策，而投资者应该在投资决策时对这种不确定性价值做出预测。根据实物期权理论，项目的投资整体价值由项目自身的内在价值与不确定性价值两部分组成[②]，即：

$$项目投资整体价值 = 项目内在价值 + 不确定性价值 \qquad (6-15)$$

综合来看，学术界对实物期权理论在项目投资领域的应用意义普遍给予了肯定，认为实物期权分析方法可以有效弥补传统经济评价方法的不足，有助于更科学、更真实地反映不确定性因素对项目投资回报能力的影响。但在实际应

---

① 曾蔼珉：《投资决策中实物期权与 NPV 法的比较研究》，《北方经贸》，2018 年第 1 期，第111~113 页。

② 聂皖生：《期权》，中国经济出版社，2007 年，第 350~351 页。

用层面，由于不同类型的项目涉及的市场条件、影响因素、波动幅度等要素以及项目蕴含的实物期权内涵千差万变，加之实物投资领域的相关信息相较金融投资领域更难以获取和记录，因此难以给出通用的实物期权定量计算模型，需要结合特定的项目投资特点来具体分析。

二、实物期权的基本类型和特点

（一）实物期权的基本类型

实物期权理论认为，项目投资运营过程面临诸多不确定因素，而投资者可以根据市场的变化情况对项目投资做出不同决策，如推迟投资、放弃投资、扩张投资、收缩投资、转换投资等，因此投资者相应拥有推迟期权、扩张期权、收缩期权、放弃期权、转换期权、增长期权等不同类型的实物期权[①]。不同的投资项目根据各自的情况同时包含上述若干种期权，因此单从实物期权的类型来看，实物期权相对于金融期权更加复杂（金融期权只有看涨期权与看跌期权两类）。

1. 推迟期权

推迟期权是指投资者可以延迟做出投资决策的时间，从而能够在一定时限内观察市场信息的变化情况，再做出投资决策。推迟期权实际上是一种看涨期权，若在推迟期内（期权执行时间到期前）市场情况变得有利，投资者可以选择投资（执行期权）；如市场情况变得不利，投资者可以放弃投资（不执行期权）。对于推迟期权，资产价格为项目预期的净现金流现值，执行价格为项目的投资成本，投资者得到的收益是 MAX（项目现值－投资成本，0）。值得注意的是，由于在推迟投资决策的过程中，若干不确定性将得到兑现，项目现值、投资成本与推迟投资之前相比都发生了变化，这有利于投资者准确判定投资收益，控制投资风险。对于市场环境即将发生重大变化、项目的不确定性将在近期得以落实的项目，推迟期权蕴含着巨大的经济收益，往往可以得到与传统经济评价结论截然不同的结果。

---

① 李焰、刘丹：《实物期权、二项式定价模型与融资结构——不确定性环境下初创企业融资决策探讨》，《财经研究》，2003 年第 5 期，第 58~64 页。

2. 扩张期权

扩张期权是指投资者有权在项目运营过程中，根据市场情况追加投资、扩大项目投资规模。从本质上看，扩张期权实际上是一种看涨期权，在项目运营期内（期权执行时间到期前），若市场情况变得有利，投资者可以扩大投资（执行期权）；若市场情况不利，投资者可以不扩大投资（不执行期权）。对于扩张期权，资产价格为项目扩张带来的净现金流现值的增加值，执行价格为项目的扩张投资成本，投资者得到的收益是 *MAX*（项目现值增加值－扩张投资成本，0）。扩张期权是建立在投资者做出投资决策的前提下获得的期权，若投资者未进行投资，则扩张期权不存在。由此可见，在讨论项目投资的实物期权时，投资者做出的任一行为，都将对未来的投资选择产生影响，从而对项目的整体收益产生影响。

3. 收缩期权

收缩期权是指投资者有权在项目运营过程中，根据市场变化情况缩减项目投资规模。与扩张期权相反，这类期权在本质上是一种看跌期权，在项目运营期内（期权执行时间到期前），若市场情况变得不利，投资者可以缩减投资（执行期权）；若市场情况有利，投资者可以不缩减投资（不执行期权）。对于收缩期权，资产价格为缩减项目带来的净现金流现值增加值，执行价格为项目的缩减投资成本，投资者得到的收益是 *MAX*（缩减投资成本－项目现值增加值，0）。从扩张期权与收缩期权的关系可见，一个投资项目的实物期权内容往往比较复杂。例如，项目的扩张期权与收缩期权一般同时存在，当市场条件变化导致投资者选择不执行扩张期权的时候，投资者将很有可能执行收缩期权。同理，投资者不执行收缩期权与执行扩张期权的行为也时常同时发生。因此，不同类型的实物期权具有相当的复合关联性。

4. 放弃期权

放弃期权是指项目投资者有权在市场情况十分不利、项目收益不足以覆盖成本或投资者有其他特殊需求的时候，放弃继续投资或放弃已投资的项目。放弃期权本质上也是一种看跌期权，在项目运营期内（期权执行时间到期前），若市场情况变得不利，投资者可以放弃投资（执行期权）；若市场情况有利，投资者可以继续持有投资（不执行期权）。最常见的放弃期权是以清算价格为执行价格的放弃期权，即是指投资者在市场不利的情况下放弃投资，并收回项目的清算价格,该期权的资产价格为继续持有项目的净现金流现值,执行价格为项目清算价格,可以使投资者得到的收益为 MAX(继续持有项目现值,清算价格)。在现实的投资环境中,投资者放弃项目不一定是指永久性地关闭项目,更常见的是以评估价、项目残值等为依据将项目出让转卖。

5. 转换期权

转换期权是指项目投资者有权在市场需求、技术进步等因素发生变化的时候,选择不同的原材料、工艺流程、技术设备以生产不同的产品。转换期权实际上是一种看涨期权,在项目运营期内(期权执行时间到期前),若市场情况变化,投资者可以转换生产方式(执行期权);若市场情况未发生本质变化,投资者可以不转换生产方式(不执行期权)。对于转换期权,资产价格为转换生产带来的净现金流现值的增加值,执行价格为项目的转换成本,投资者得到的收益是 MAX(项目现值增加值-转换投资成本,0)。

6. 增长期权

增长期权是指项目投资者有可能在投资某一项目后,获得其他新的投资机会。增长期权实际上是一种看涨期权,在项目运营期内(期权执行时间到期前),若市场出现新的投资机会且情况有利,投资者可以进行新的投资(执行期权);若市场未出现新的投资机会或情况不利,投资者可以不进行新的投资(不执行期权)。对于增长期权,资产价格为新投资项目带来的净现金流现值的增加值(在原投资项目基础上),执行价格为新项目的投资成本,投资者得到的收益是 MAX(新投资项目现值-新项目投资成本,0)。由于在真实市场情况下,大部分的新投资机会与原投资项目的关系难以通过数据进行量化描述,因此增长期权是实物期权中相对难以测量的类型。

(二)实物期权的特点

1. 隐蔽性

在金融市场中,与标的资产价格、期权执行条件、执行时间等相关的各方面信息都得到充分披露,历史记录详尽可查,市场的参与者对期权的各项信息掌握充分。但在实物期权中,由于项目所处的产业不同、市场环境不同、投资方式不同、生产经营方式不同,因此项目往往具有独特的投资特点。即使是同样类型的投资项目,也会因为投资者本身的风险偏好、经营思路、技术路线的不同，而导致在同样的市场外部条件下，采取不同的投资经营策略。同时，项目投资实物期权的执行过程还需要与项目投资者之外的其他市场主体发生关联，如推迟期权的执行需要征得产品（或服务）对象的同意、放弃期权的执行需要找到项目转让的承接方，这更增加了实物期权在不同项目中的独特性和隐蔽性。因此，实物期权无法找到通用的模型和计算方式，需要投资者针对项目的具体情况进行个性化的识别和鉴定。

2. 条件性

在金融市场中，金融期权的执行条件相对简单和明确，而实物期权的执行经常受制于一系列限制条件，并且有可能在实际情况中无法完全执行。例如，投资者计划在市场极端不利、项目收益不足以弥补生产成本的时候，将项目以财务折旧的残值转让给其他投资者，这一放弃期权的隐含执行条件是能够在市场中找到愿意以上述价格接受该项目的其他投资者。又如，投资者计划在市场环境有利的情况下，追加投资、扩大项目的生产规模以增加投资收益，这一扩张期权的隐含执行条件是项目所在区域仍然留有满足项目扩产的土地。由此可见，实物期权的执行条件比金融期权更为复杂。

3. 复合性

前述对实物期权类型的分析已经提到某一具体投资行为的实物期权往往并非单一类型的期权，更普遍的情况是同时具有几种不同类型的实物期权，甚至这些不同类型的实物期权相互之间可能是互为关联、互为前提或互相排斥、互不兼容的复杂关系。如前文分析，项目的扩张期权、收缩期权往往同时存在，投资者在执行扩张期权的同时就自然选择了不执行收缩期权，在执行收缩期权的同时自然也选择了放弃执行扩张期权，这两种期权在同一时刻是相互排斥的关系。又如，项目的转换期权、放弃期权均建立在项目投资的前提之下，若项目投资者并未执行之前的推迟期权，即并未真正形成投资，则后续的转换期权、放弃期权就无从谈起。再进一步分析，项目的转换期权、放弃期权之间同样有关联，若放弃期权先于转换期权被执行，转换期权也就相应消失。在这种情况下，不同类型的期权价格不能直接相加，它们彼此之间的关系会对总的实物期权现值产生影响，这需要结合具体情况进行仔细梳理和甄别。

三、天然气分布式能源项目的实物期权特性和类型

（一）天然气分布式能源项目的实物期权特性

1. 不确定性

能源项目作为项目投资领域的重要类型，具有规模大、周期长、市场条件复杂多变的属性。天然气分布式能源除了上述共同的特征外，在价格要素多、边界条件多、受用户自身经营状况影响大等方面的特点尤为突出。这些特征表明天然气分布式能源项目的不确定性十分明显，适合采用实物期权理论对项目经济性进行分析研究。

2. 不可逆性

与标准化的传统发电项目不同，天然气分布式能源项目需要根据用户的用能需求特性（冷、热、电配比，用能时序特点，产品技术参数、安全可靠性要求等），并综合考虑电网基础设施建设水平、区域能源规划、天然气资源供应能力等因素，对各类技术和设备进行选择并加以集成，以满足用户个性化的需求，这是由天然气分布式能源的产业本质所决定的。一方面，由于其专属性特点十分突出，即使项目资产转卖后的目标用途仍然是能源供应，但由于用户的用能负荷的结构、数量、时序、品质发生变化，原有的资产往往仍然无法正常使用。另一方面，天然气分布式能源项目与用户之间是相互依存、相互绑定的关系，项目的转卖甚至关闭会对用户的正常经营产生巨大或颠覆性的影响，因此天然气分布式能源项目一旦投资后，必须按照用户的生产经营需求安排自身的经营行为。此外，天然气分布式能源作为能源项目的一种，具有投资资金大、周期长、流动性低的特点，这些因素都导致该类项目投资具有较强的不可逆性。

3. 柔性经营策略

天然气分布式能源项目投资者在投资经营过程中，可以根据市场情况、技术情况、政策情况、用户情况的变化，在项目经营上做出调整经营规模、优化生产调度、转让资产、投资新项目等柔性经营策略。需要注意的是，与其他大多数的能源项目不同，天然气分布式能源是为用户"量身定制"的，其大部分

经营策略必须以供能对象的生产经营需求为前提，天然气分布式能源项目投资者要扩大、缩减生产规模，改变生产计划，或者清算关闭项目都必须得到用户的同意，这种联动关系通常在双方的合作协议中加以明确约定。从这个角度来看，天然气分布式能源的柔性经营策略是具有特定的限制条件的。

（二）天然气分布式能源项目的实物期权类型

1. 扩张期权、收缩期权、转换期权

天然气分布式能源的供应对象为具体的单个或多个用户，建设目的是满足用户特定的能源需求，项目的规模、装机方案、技术路线均根据用户的用能负荷特点决定，而不能随意扩张、收缩、转换。因此，天然气分布式能源项目投资不具有自主的扩张期权、收缩期权和转换期权（虽然存在由于用户的生产经营状况发生变化导致天然气分布式能源项目的投资经营策略做出相应调整的情况，但这类情形导致的资产价格变化超出了天然气分布式能源项目本身经济评价的范畴）。

2. 推迟期权

天然气分布式能源项目在开发阶段除了与传统能源项目相同的可行性研究、报政府部门审批等程序外，最重要的是与用户的协商。用户在做出采用天然气分布式能源形式进行供能的决定后，不会再投资建设其他的替代能源供应方式。因此，一旦供需双方达成合作意向并签订合同，即使实质性的投资并未立即发生，天然气分布式能源项目投资者的投资决策也不能撤销，而是必须按照用户要求的时间完成投资并形成生产。换言之，尽管从达成投资意向至正式投资仍有一段时间（天然气分布式能源的投资建设周期较短，一般为 1 年左右），但这并不构成天然气分布式能源项目的推迟期权，因为投资决策在之前已经做出且不可逆。由此可见，天然气分布式能源项目不具有推迟期权。

3. 放弃期权

投资者在投建了天然气分布式能源项目之后，可以根据市场情况对项目进行处置（放弃），即投资者具有是否放弃项目的选择权利，因此项目具有放弃期权。需要注意的是，这里的放弃是指将项目进行折价转让至其他经营者，或者交予用户自行运营，而不是在项目运营期间直接关闭项目，因为这将对用户的利益产生巨大损害，通常在合作协议中被明确禁止。

四、天然气分布式能源项目"不确定性经济性"的内涵

本书前述部分对 DCF 框架下的传统经济评价方式的适应性缺陷进行了分析，发现传统经济评价方式只考虑了项目生产的能源产品为项目带来的收益（DCF 框架下的净现值 NPV 指标），其收益来源于项目生产的电、热、冷产品。此外，传统经济评价方式单纯地将不确定性视为降低项目经济回报能力的负面因素，未能对不确定性的正面作用进行充分考虑和测量。基于这一分析本书提出了"不确定性经济性"的研究设想。

在具体研究上，本书主要利用实物期权的观点和方法。在真实的市场环境中，投资者在一定程度上拥有与期权类似的某种权利，即：随着投资时间进度的推移，原本不确定、未知的市场条件将逐渐落实，原本已知的市场条件会发生变化，而投资者可以根据实际情况调整相应的投资行为。而这些投资行为（即推迟、扩张、收缩、放弃、转换等各类"实物期权"的行权）将对资本循环、投资过程产生直接影响，从而减少损失、扩大收益并对项目的经济回报能力形成补充（对于天然气分布式能源项目而言，项目的实物期权主要体现在投资后对项目进行处置的放弃期权上）。按照实物期权理论，这种补充最终表现为在原有项目内含价值的基础上增加实物期权现值的部分，这种实物期权现值也就是本书所研究的"不确定性经济性"的具体内涵，其根本目的在于测量不确定性对项目经济性的影响程度，考察的是经济性的"变化量"。

五、天然气分布式能源项目"不确定性经济性"的计算模型

（一）实物期权现值的主要计算方式

实物期权现值定量分析方法主要有三类，分别是偏微分法（Black－Scholes 公式法）、模拟法（Monte Carlo 模拟法）和动态法（二叉树模型）。

1. 偏微分法（Black－Scholes 公式法）

Black－Scholes 公式是以 Fischer Black 和 Myron Scholes 命名的著名的期权定价模型，该模型给出了特定条件下的期权价格的解析计算方法，为各种衍

生金融工具的合理定价奠定了基础。Black－Scholes 公式的应用基于以下几个条件：

（1）标的资产的价格波动遵循几何布朗运动且波动率始终不变，服从对数正态分布；

（2）在期权有效期内无风险利率已知且始终不变；

（3）标的资产在期权有效期内不分红；

（4）期权是欧式期权[①]；

（5）市场交易不存在交易成本和税收；

（6）市场不存在无风险套利机会；

（7）市场允许交易者使用全部所得卖空期权；

（8）市场交易是连续的。

设 S 为标的资产价格，V 为标的资产的期权价格，X 为期权执行价格，T 为期权时限，r 为无风险利率，σ 为资产价格波动率，按照 Black－Scholes 期权定价公式，对于看涨期权的期权价格有：

$$V = SN(d_1) - Xe^{-rT}N(d_2)$$

其中，e^{-rT} 为贴现率，$N(x)$ 是均值为 0、标准偏差为 1 的标准正态分布变量的累计概率分布函数，且有：

$$d_1 = \frac{\ln\left(\frac{S}{X}\right) + \left(r + \frac{\sigma^2}{2}\right)T}{\sigma\sqrt{T}}$$

$$d_2 = d_1 - \sigma\sqrt{T}$$

对于看跌期权的期权价格有：

$$V = Xe^{-rT}N(d_2) - SN(d_1)$$

其中，d_1、d_2 的计算方法与上述公式相同。

2. 模拟法（Monte Carlo 模拟法）

Monte Carlo 模拟法是一种非确定性的数值计算方法。这种方法假设资产价格变化受不确定性因素的影响，且不确定性因素的变化遵循某种随机过程，则通过反复模拟资产价格在不确定性因素影响下从初始时间到期权有效期末的各种可能变化路径，可得到大量关于期权到期时资产价格的随机样本集合，在

---

① 欧式期权：European Options，指期权持有者必须在期权到期日当天（或某一规定的时间）执行的期权。

此基础上应用算术平均求出资产的预期价格，再利用无风险利率折现得到当前时间的期权价格。Monte Carlo 模拟法的准确性建立在大量的模拟次数基础之上，实验次数越多，所得结果越精确，其必须借由计算机模拟来实现。由于模拟法采用的是正向求解的方法，无法计算在每个时刻继续持有期权的未来期望价格，因此无法对在该时刻执行期权和持有期权的价格大小进行比较，进而无法对应该执行期权还是继续持有期权作出判断。

3. 动态法（二叉树模型）

二叉树模型是一种基于离散的期权定价理论，它假设标的资产价格波动是由大量的小幅度升降运动组成的，在每个阶段的资产价格必然会出现上升和下降两种可能，并由此绘制资产价格在期权有效期间的价格变化路径图，再按照动态规划倒推得到投资前的期权价格以及投资者在每个节点的决策选择。

（二）二叉树模型应用基础

由于实物期权的复杂性和条件多样性，偏微分法（Black–Scholes 公式法）、模拟法（Monte Carlo 模拟法）、动态法（二叉树模型）分别有不同的适用情形。

其中，Black–Scholes 公式法利用方程直接求解，适用于不确定性因素单一、具有限定的决策时间（欧式期权）的实物期权。Monte Carlo 模拟法需要对影响标的资产价格的各种不确定性因素的波动分布规律进行假设（满足几何布朗运动），而天然气分布式能源涉及的价格因素十分复杂，难以满足模拟法的假设需要。

相比于其他两种定价分析模型，二叉树模型具有明晰、直观的特点，适用于不确定性因素多、决策时间不定（美式期权①）的复杂情形。由于二叉树模型采取逆推的方式，在每一节点可清楚地掌握执行期权的收益和持有期权的未来收益情况，因此可以对每一节点的投资者策略选择给出明确的答案。综合上述因素，本书基于二叉树模型对天然气分布式能源项目的实物期权现值进行研究。

1. 单期二叉树模型

二叉树模型认为，按照风险中性原理，资产价格 S 从期初开始经过周期

---

① 美式期权：American Options，指期权持有者可以在期权到期日之前任何时间执行的期权。

T 到达期末（期权到期时间）的过程中，存在两种变化可能：以概率 p 上升至 Su，或以概率 $1-p$ 下降至 Sd。其中，p 为风险中性概率，u 为标的资产价格的上涨因子，d 为标的资产价格的下降因子。资产价格变化路径如图 $6-3$ 所示。

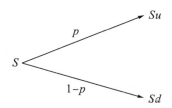

图 6-3 二叉树模型资产价格变化路径图

根据风险中性定价原理和无套利均衡分析，可推导出以下计算公式：

$$S = \mathrm{e}^{-rT}\left[pSu + (1-p)Sd\right] \tag{6-16}$$

且有：

$$u = \mathrm{e}^{\sigma\sqrt{T}} \tag{6-17}$$

$$d = \frac{1}{u} = \mathrm{e}^{-\sigma\sqrt{T}} \tag{6-18}$$

$$p = \frac{\mathrm{e}^{rT} - d}{u - d} \tag{6-19}$$

其中，r——无风险利率；

σ——标的资产价格波动率；

e^{-rT}——贴现率。

同理，在资产价格变化的过程中，资产的期权价格 V 同样按照 p 及 $1-p$ 的概率变化至 $V_{1,1}$ 或 $V_{1,2}$。同样根据风险中性原理，有：

$$V = \mathrm{e}^{-rT}\left[p\,V_{1,1} + (1-p)\,V_{1,2}\right] \tag{6-20}$$

按照期权定价理论，对于看涨期权，有：

$$V_{1,1} = MAX(Su - X, 0) \tag{6-21}$$

$$V_{1,2} = MAX(Sd - X, 0) \tag{6-22}$$

对于看跌期权，有：

$$V_{1,1} = MAX(X - Su, 0) \tag{6-23}$$

$$V_{1,2} = MAX(X - Sd, 0) \tag{6-24}$$

其中，X 为期权执行价格。

故可根据公式（6-16）至公式（6-24），逆推求得期初期权价格 V。期权价格推导路径如图 6-4 所示。

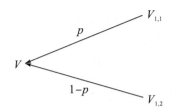

图 6-4　二叉树模型期权价格推导路径图

应当注意的是，p 是风险中性假设下资产价格变动的概率，现实情况中的资产价格向上运动和向下运动的实际概率并未进入二叉树模型。

2.　多期二叉树模型

在现实的投资行为中，资产价格的变化是简单的单次上升、下降过程，为了增加资产价格波动变化路径模拟的精确程度，需要将整个周期 T 划分为若干个小的时间间隔 Δt，标的资产每经过一个 Δt，都会发生一次资产价格上升（或下降），由此可在上述单期二叉树模型的基础上，扩展绘制多期二叉树图谱。对于其中的每个单期二叉树，公式（6-16）至公式（6-24）仍然适用。因此，可在计算得到最后一期资产价格和行权价格，从而得到最后一期期权价格的基础上，再按照单期二叉树模型期权价格的计算方法，逆推得到起始点的期权价格。

如在上述单期二叉树模型的基础上，进一步将资产价格变化的总时间划分为若干等距离的时间 Δt。标的资产从期初 t_0 开始经过 Δt 到达 t_1 时，资产价格为 Su 和 Sd。再经过 Δt 时间到达 t_2 时，资产价格将进一步变化：①在 Su 基础上，以概率为 p 上升到 Su^2，以概率 $1-p$ 下降到 Sud；②资产价格在 Sd 基础上，以概率 p 上升到 Sud，以概率 $1-p$ 下降到 Sd^2。以此类推，可得到最后一期 t_n 时的资产价格为 $Su^{n-i}d^i$（$i=0$，1，2，…，n）。

多期二叉树模型的资产价格变化路径如图 6-5 所示。

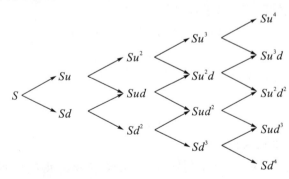

图 6-5　多期二叉树模型资产价格变化路径图

通过把 $Su^{n-i}d^i$ 与到期日的行权价格进行比较［参照公式（6-21）至公式（6-24）］，可得到最后一期每个节点的期权价格 $V_{n,m}$。再按照单期二叉树的计算原理，沿着二叉树路径逆推，可求得 t_0 时的期权价格 V_0。相应的计算公式为：

$$V_{n,m} = e^{-r\Delta t}\left[p V_{n+1,m} + (1-p) V_{n+1,m+1}\right]\qquad(6-25)$$

$$u = e^{\sigma\sqrt{\Delta t}}\qquad(6-26)$$

$$d = \frac{1}{u} = e^{-\sigma\sqrt{\Delta t}}\qquad(6-27)$$

$$p = \frac{e^{r\Delta t} - d}{u - d}\qquad(6-28)$$

多期二叉树模型的期权价格推导路径如图 6-6 所示。

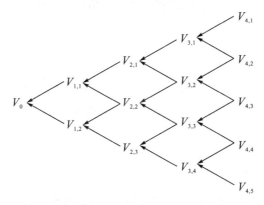

图 6-6　多期二叉树模型期权价格推导路径图

3. 对资产价格进行校正

在许多情况下，随着行权到期日的临近（项目进行过程中），标的资产价格由于特定的现金流或暗含的收益条件导致资产价格形成泄漏。在这种情况下，需要对各时期的标的资产价格进行相应的校正[1]，即 t_n 时间的资产价格由 $Su^{n-i}d^i$ 调整为 $Su^{n-i}d^i - \Delta S_n$（$i=0$，1，2，…，n），其中 ΔS_n 为 t_n 时发生的资产价格泄漏。相应的资产价格变化路径调整见图 6-7。

―――――――――

[1]　张永峰、贾承造、杨树锋等：《石油勘探项目放弃期权计算模型研究》，《中国石油大学学报（自然科学版）》，2006 年第 6 期，第 137～140 页。

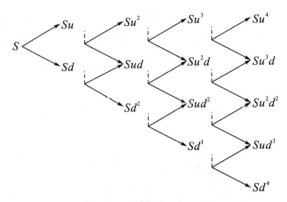

图6-7 价格泄漏情况下多期二叉树模型资产价格变化路径图

（三）天然气分布式能源项目实物期权现值的主要影响因素

1. 标的资产价格 S

金融资产的资产价格为市场上的交易价格，在实物项目投资中，由于缺乏交易市场价格的相关信息，项目的资产价格通常以项目预期现金流的现值表示，即净现值 NPV。

2. 期权执行价格 X

根据实物期权类型的不同，期权执行价格的内涵也有差别。如对于推迟期权，期权的执行价格为投资成本（包括因为推迟决策而造成的成本上升）；对于扩张期权，其执行价格为扩大规模所新增的投入。按前述分析，天然气分布式能源项目蕴含的实物期权主要是项目运营阶段的放弃期权，根据该类项目的投资特点，其放弃期权的执行价格为投资者转让项目的价格，在本书中采用项目折旧后的残值来近似处理。

3. 期权有效期 T

金融资产的期权有效期通常会有明确规定[①]。实物期权的有效期与金融期权类似但不完全相同，它是指投资者拥有投资机会的持续时间。在通常情况下，该持续时间是指投资项目的运营寿命。

[①] 对于欧式期权，期权持有者只能在期权到期日或某一规定时间执行期权；对于美式期权，期权持有者可以在期权到期日之前的任意时间执行期权。

4. 无风险利率 r

绝对的无风险利率是理论上的概念，在现实中任何投资行为均含有一定的投资风险，因此并不存在真实的无风险利率。在计算实物期权现值时，通常将国债视作风险极低的投资标的，学者普遍将国债利率作为无风险利率 r 代入计算。

5. 标的资产价格波动率 σ

波动率是对资产价格变动不确定性的衡量，用于反映资产价格变动的风险水平。波动率越高，资产价格的波动越剧烈，不确定性就越强；波动率越低，资产价格的波动越平缓，不确定性就越弱。资产价格波动率是金融期权、实物期权现值计算中最重要的影响因素之一。

金融期权价格的历史波动率可根据股票历史收益率的标准差计算得到，但实物期权没有准确的市场价格和历史收益率相关信息，因此，实物期权的资产价格波动率只能以其他在资产价格变化、投资风险等方面高度类似的资产的波动率来替代。一种常见的方式是利用对资产价格变化影响最大的不确定性因素的波动率来替代，例如，风电项目中的风资源的定量变化波动率、水电项目中的上网电价变化波动率、天然气发电项目中的天然气价变化波动率等。由于天然气分布式能源项目涉及的价格要素过多（天然气价、电价、热价、冷价），而且其中的热价、冷价完全由供需双方协商产生，不同区域、不同项目之间差别较大，缺乏完整的价格信息记录，因此无法利用这些价格要素变化的波动率来替代天然气分布式能源项目的资产价格波动率。另一种常见方式是以本行业上市公司的历史股价波动率来近似处理，其依据是上市公司的股价与公司未来的净现金流折现值高度相关。本书采用此种方法来估计天然气分布式能源项目资产价格变化的波动率。

（四）天然气分布式能源项目多期二叉树模型

按照前述分析，天然气分布式能源项目投资具有较大的不确定性，其蕴含的实物期权现值主要在于投资者可根据市场情况选择继续持有项目或处置项目以获得资产残值，即项目运营期间的放弃期权。现根据天然气分布式能源项目的特点构建其实物期权的二叉树模型，并推导期权价格的计算公式。

设天然气分布式能源项目在 t_0 时投资，项目运营期 T 年，每年年末一次性获取收入，运营期满后终止经营，在经营期间可按照项目残值折价卖出项目。根据项目情况设计多期二叉树模型：起始时间为 t_0，为提高资产价格波动变化路径的精确程度，以 $\Delta t = 1$ 年作为每期二叉树的时间间隔。二叉树起始节点为 A_0，在 t_n 时（$n \neq 0$）二叉树的节点名称为 $A_{n,m}$（$m=1$，2，$\cdots$，$n+1$），节点 $A_{n,m}$ 对应的资产价格和期权价格分别为 $S_{n,m}$ 和 $V_{n,m}$，期权到期时间为 t_T 年。

项目的全周期二叉树模型如图 6-8 所示。

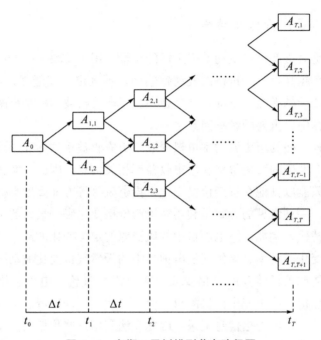

图 6-8 多期二叉树模型节点路径图

（五）项目资产价格及变化路径

设 W_n 为 t_n 时点项目剩余运营期的净现金流贴现值，故在 t_0 的净现金流贴现值 $W_0 = NPV$。在实物项目投资中，项目的资产价格通常就是项目预期现金流的现值，即 NPV，因此 A_0 节点的资产价格为：

$$S_0 = W_0 = NPV$$

在不考虑资产价格泄漏的情况下，按照二叉树模型原理，从 t_0 起经历第 1 个 Δt 到 t_1 时，节点 $A_{1,1}$ 的项目资产价格为 $S_{1,1} = S_0 u = W_0 u$，节点 $A_{1,2}$ 的项目资产价格为 $S_{1,2} = S_0 d = W_0 d$。同理，再经历 1 个 Δt 到达 t_2 时，节点 $A_{2,1}$ 的项目资产价格为 $S_{2,1} = W_0 u^2$，节点 $A_{2,2}$ 的项目资产价格为 $S_{2,2} = W_0 ud$，节点 $A_{2,3}$ 的项目资产价格为 $S_{2,3} = W_0 d^2$。以此类推，在 t_n 时，节点 $A_{n,m}$ 的项目资

产价格应为：

$$S_{n,m} = W_0\, u^{n-m+1}\, d^{m-1}\,(m = 1,2,\cdots,n+1)$$

由于项目存在运营时限，运营时点每推后 $\Delta t = 1$ 年，项目剩余可获得的净现金流期数相比于上一时点将减少 1 期，因此项目的资产价格（净现金流贴现值）存在泄漏。在考虑价格泄漏的情况下，在 t_n 时点，项目的运营时限还剩余 $T-n$ 年，项目的现金流期数还剩余 $T-n$ 期，此时项目剩余运营期的净现金流贴现值为 W_n。因此，节点 $A_{n,m}$ 的项目资产价格应校正为：

$$S_{n,m} = W_n\, u^{n-m+1}\, d^{m-1}\,(m = 1,2,\cdots,n+1)$$

当项目到期（期权到期）即时间到 t_T 时，项目运营期已满，未来不再产生现金流，即 W_T 为 0。因此节点 $A_{T,m}$ 的项目资产价格为：

$$S_{T,m} = W_T\, u^{T-m+1}\, d^{m-1} = 0\,(m = 1,2,\cdots,n+1)$$

故在 t_T 时刻，项目的资产价格始终为 0。

（六）项目运营阶段、投资初始时刻、结束时刻期权价格

1. 项目运营阶段期权价格

按照前述分析，天然气分布式能源项目的实物期权主要为项目运营期间的放弃期权，即投资者可对市场情况进行分析，选择继续持有项目，或以项目残值为清算价格卖出项目，其性质与美式看跌期权相同[1]。投资者是否执行该期权，取决于继续持有项目的收益与以项目残值卖出项目的收益大小，即：

期权价格 $= MAX$(持有项目收益,放弃项目收益)

其中，放弃项目收益为项目折旧后的残值 C_n；持有项目收益包含两部分内容：一是下一节点项目的期权价格，二是持有项目至下一节点所获得的红利。

设项目在第 n 年（t_{n-1} 至 t_n 时段）获得的净现金流为 ΔW_n。按照之前的假设，ΔW_n 在第 n 年年末（即 t_n 时刻）一次性实现，其不计入以第 $n+1$ 年年初（t_n 时刻）为起始计算点的未来净现金流贴现值，可将其视作每隔 Δt 时间标的资产产生的红利。这部分净现金流与资产价格一样，按照二叉树路径产生相应的价格波动。因此，在 t_n 时刻，节点 $A_{n,m}$ 的红利为：

$$H_{n,m} = \Delta W_n\, u^{n-m+1}\, d^{m-1}\,(m = 1,2,\cdots,n+1)$$

按照风险中性原理和公式（6-25）可推知，持有项目价格为风险中性概

---

[1]　杨春鹏：《实物期权及其应用》，复旦大学出版社，2003 年，第 9 页。

率下本期末（下期初）具有的期权价格与本期产生红利之和的折现值。因此，在 t_n 时刻，节点 $A_{n,m}$ 持有项目的收益为：

$$A_{n,m} 节点持有项目收益 = e^{-r\Delta t}[p(V_{n+1,m} + H_{n+1,m}) + (1-p)(V_{n+1,m+1} + H_{n+1,m+1})]$$

$$= e^{-r\Delta t}[p(V_{n+1,m} + \Delta W_{n+1} u^{n-m+2} d^{m-1}) + (1-p)(V_{n+1,m+1} + \Delta W_{n+1} u^{n-m+1} d^m)]$$

$$A_{n,m} 节点放弃项目收益 = C_n$$

因此，在 t_n 时节点 $A_{n,m}$ 的期权价格为：

$$V_{n,m} = MAX(持有项目收益，放弃项目收益)$$

$$= MAX\{e^{-r\Delta t}[p(V_{n+1,m} + \Delta W_{n+1} u^{n-m+2} d^{m-1}) + (1-p)(V_{n+1,m+1} + \Delta W_{n+1} u^{n-m+1} d^m)], C_n\}(m=1,2,\cdots,n+1)$$

2. 项目投资初始时刻期权价格

在项目初始投资时，即 t_0 时刻，投资者可选择投资项目或放弃投资项目。选择投资项目，投资者将付出投资成本并获得项目投资收益。选择放弃投资项目，投资者获得的收益为 0，这相当于一个美式看涨期权，该期权执行价格为项目的投资成本。因此，

$$期权价格 = MAX(投资项目收益 - 投资成本，0)$$

投资项目收益的计算方式与运营阶段持有项目的收益相同。由此可得，在 t_0 时节点 A_0 的期权价格为：

$$V_0 = MAX(投资项目收益 - 投资成本，0)$$

$$= MAX\{e^{-r\Delta t}[p(V_{1,1} + \Delta W_1 u) + (1-p)(V_{1,2} + \Delta W_1 d)] - I_0, 0\}$$

其中，I_0 为项目的投资成本。

3. 项目结束时刻期权价格

按照前述分析，在项目运营期满的 t_T 时点，项目资产价格为 0，且未来不再产生现金流，故项目也不再产生红利，因此继续持有项目的收益为 0。最后一期 $A_{T,m}$ 节点的期权价格为：

$$V_{T,m} = MAX(持有项目收益，放弃项目收益) = MAX(0, C_T) = C_T$$

其中，C_T 为项目折旧期满后的资产残值。

（七）天然气分布式能源项目实物期权现值（OPV）计算模型

综上分析，在项目周期为 T，时间间隔为 Δt 的二叉树模型下，天然气分

布式能源项目的实物期权现值计算公式为：

$$
V_{n,m} = \begin{cases} MAX\{e^{-r\Delta t}[p(V_{1,1} + \Delta W_1 u) + (1-p)(V_{1,2} + \Delta W_1 d)] - I_0, 0\} \\ (n=0) \\ MAX\{c^{-r\Delta t}[p(V_{n+1,m} + \Delta W_{n+1} u^{n-m+2} d^{m-1}) + (1-p)(V_{n+1,m+1} + \\ \Delta W_{n+1} u^{n-m+1} d^m)], C_n\}(n=1,\cdots,T-1) \\ C_T (n=T) \end{cases}
$$

$$(6-29)$$

其中，m=1，2，…，n+1；

　　　ΔW_n——项目第 n 年的净现金流；

　　　I_0——项目的投资成本；

　　　C_n——项目在 t_n 时的资产清算残值。

参数 u、d、p 可根据公式（6-26）、公式（6-27）、公式（6-28）计算得到。按照上述结论，将 t_T 时的 $V_{T,m} = C_T$ 代入公式（6-29）进行逆推，可求得项目起始节点 A_0 的期权价格 V_0，即项目投资决策时点的项目实物期权现值 OPV。因此，公式（6-26）至公式（6-29）共同组成了天然气分布式能源项目"不确定性经济性"的量化测算模型。

第四节　天然气分布式能源项目的综合经济评价体系及量化测算模型

一、天然气分布式能源项目综合经济评价体系的构成

根据前述研究，目前天然分布式能源项目经济评价主要应用的是 DCF 框架下的净现值 NPV 指标，而 NPV 指标仅考虑了项目生产的能源产品为项目带来的收益以及项目投资的初始建设成本和运营成本。由于传统经济评价方式在考虑天然气分布式能源项目经济外部性因素及不确定性因素上存在明显的适应性缺陷，本书提出将经济评价从对"运营收益"的单一测量，拓展为对"经济因素—环境因素—市场因素"多重维度的综合考量，并从"环境补偿经济性"和"不确定性经济性"入手对"传统经济性"进行了扩展和补充。第一，天然气分布式能源与传统供能方式相比具有明显的碳减排效果，这种碳减排效果在一定的市场条件下可以转化为天然气分布式能源项目的经济收益，从本质

上可以视为一种节约型的"生态产品"。基于上述结论，本书将碳减排生态产品对应的潜在经济收益纳入项目经济评价的范围，并将其定义为"环境补偿经济性"。第二，天然气分布式能源项目作为特定的供能方式，具有边界条件多、价格要素多的特点，其在投资运营上的不确定性特征尤其明显，其对项目经济性的影响作用也更加突出。据此，本书将不确定性对项目经济性造成的影响定义为"不确定性经济性"。

综合上述研究结论，本书在"传统经济性"的基础上，扩展了"环境补偿经济性""不确定性经济性"的内容，构建了"传统经济性＋环境补偿经济性＋不确定性经济性"的"综合经济评价体系"。

二、天然气分布式能源项目综合评价值（EPV）计算模型

在应用模型方面，本书分别结合相关的经济学工具对"传统经济性""环境补偿经济性""不确定性经济性"的量化测算模型进行了研究。

首先，结合天然气分布式能源项目自身的投资运营特点，根据已有文献和实际市场情况，推导了现金流折现法（DCF）框架下的该类项目"净现值 NPV"的计算模型［公式（6-2）、公式（6-3）、公式（6-4）］，即"传统经济性"的量化测算模型。其次，基于碳排放交易机制和影子价格理论，对天然气分布式能源项目碳减排外部效益的潜在经济收益 GIn_t 进行了分析，并推导了该类项目"绿色现值 GPV"的计算模型［公式（6-13）、公式（6-14）］，即"环境补偿经济性"的量化测算模型。再次，应用金融学领域的实物期权理论，对天然气分布式能源项目不确定性对项目经济回报能力的影响进行了分析，并利用二叉树期权定价方法推导了该类项目"实物期权现值 OPV"的计算模型［公式（6-26）至公式（6-29）］，即"不确定性经济性"的量化测算模型。根据前述理论框架，"净现值 NPV＋绿色现值 GPV＋实物期权现值 OPV"即为"传统经济性＋环境补偿经济性＋不确定性经济性"的"综合经济评价体系"的量化测算模型，本书将其定义为"综合评价值 EPV"。即：

$$EPV = NPV + GPV + OPV \qquad (6-30)$$

至此，本书对天然气分布式能源项目经济评价方式进行了改进和扩展，形成了"综合经济评价体系"，如图6-9所示。

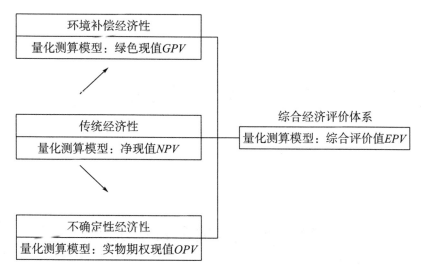

图6-9 天然气分布式能源项目"综合经济评价体系"示意图

第七章 天然气分布式能源项目案例分析

第一节 案例项目概况

一、供能对象情况

本书实证案例的项目用户为四川省某三级甲等医院，是一家集医疗、教学、科研、预防保健和人才培养为一体的大型专科医院。该医院具有稳定的用电、蒸汽、制冷需求。在天然气分布式能源项目建设前，医院用电全部来自电网下载电量（未实现双回路电源），蒸汽由燃气锅炉提供，制冷全部采取电制冷方式。图7-1、图7-2为该用户的用电、用热（冷）负荷情况。

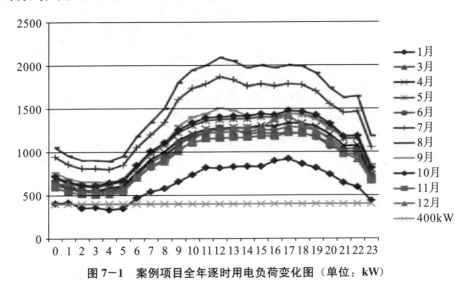

图7-1 案例项目全年逐时用电负荷变化图（单位：kW）

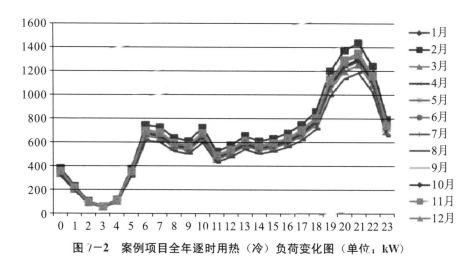

图 7-2　案例项目全年逐时用热（冷）负荷变化图（单位：kW）

二、天然气分布式能源项目情况

投资者与用户协商一致，拟由投资者独立投资建设天然气分布式能源项目，并通过冷、热、电三联供向用户供能，替代原有的供能方式，双方根据用能数量计价结算费用。该项目是典型的楼宇式项目，在系统设计上采用燃气内燃机、热水型溴化锂机组、烟气/热水换热器等设备。项目投运后，在电力供应上与电网并网，用户优先使用天然气分布式能源项目所发电量，在余热利用上，燃气内燃机产生的高温烟气和高温冷却水均通过换热器制取热水。一路经储热水槽、换热器向用户供应热水，一路经热水型溴化锂机组制取冷水供用户空调制冷。

该项目投运后将降低用户的能源使用成本，促进节能减排，提高用能可靠性。根据项目投资建设情况及双方协商，得到以下数据：项目运营期 20 年，建设期 1 年，行业基准收益率 8%，初始投资 523 万元。每年的供能数量、价格、成本相同，年售电量 2880000 kW·h，电价 0.8444 元/（kW·h）；年售热量 2357424 kW·h，热价 0.35 元/（kW·h）；年售冷量 422496 kW·h，冷价 0.21 元/（kW·h）；年耗天然气量 722710 m^3，天然气价 2.86 元/m^3。天然气成本在每年现金支出中的占比约 75%（不考虑项目融资），项目采用直线折旧法，到期残值 5%（见表 7-1）。

表 7－1　案例项目相关参数数据表

指标名称	数据	单位	指标名称	数据	单位
项目运营期（n）	20	年	项目建设期（n）	1	年
初始投资（G）	5230000	元	行业基准收益率（i_c）	8％	—
电价（P_{et}）	0.8444	元／（kW·h）	售电量（Q_{et}）	2880000	kW·h
热价（P_{ht}）	0.35	元／（kW·h）	售热量（Q_{ht}）	2357424	kW·h
冷价（P_{ct}）	0.21	元／（kW·h）	售冷量（Q_{ct}）	422496	kW·h
天然气价（P_{ft}）	2.86	元/m³	耗天然气量（Q_{ft}）	722710	m³
天然气成本在运营总成本中的占比（β_t）	75％	—	项目期末残值（直线折旧）	5％	—

基于以上情况，下面按照本书前述的研究结论对该天然气分布式能源项目的技术性能和经济性进行分析评估。

第二节　案例项目系统技术性能分析

一、计算能源利用效率（η_{CCHP}）

查询生态环境部应对气候变化司公布数据，天然气低位热值取为 38931kJ/m³。将表 7－1 相关数据代入公式（5－3）进行计算，由于项目每年供能数量相同，因此可得实证项目天然气分布式能源系统的能源利用效率为：

$$\eta_{CCHP} = \frac{Q_e + Q_h + Q_c}{Q_f \times \rho} \times 100\% = \frac{Q_{et} + Q_{ht} + Q_{ct}}{Q_{ft} \times \rho} \times 100\%$$

$$= \frac{2880000 + 2357424 + 422496}{722710 \times 38931 \div 3.6 \div 10^3} \times 100\% = 72.42\%$$

二、计算一次能耗率（PER_{CCHP}）

同样将表 7－1 相关数据代入公式（5－5）进行计算，可得天然气分布式能源系统的一次能耗率为：

$$PER_{CCHP} = \frac{Q_f \times \rho}{Q_e + Q_h + Q_c} = 1.38$$

三、计算节能率（Δq）

实证项目的供能对象在使用天然气分布式能源系统前，其电、热、冷需求分别采取电网供电、燃气锅炉供热、电制冷三种方式解决。因此，与天然气分布式能源系统相对应的分供系统中的发电效率 η_e 应为电网电力的平均发电效率，供热效率 η_h 应为原燃气锅炉的供热效率，制冷性能系数 COP 应为原电制冷系统的冷电比。

我国电网电力约 70% 由燃煤电厂生产[1]，此处全网平均发电效率取中等规模燃煤电厂常见发电效率 40%；根据市场老旧燃气锅炉和电空调的常见数据，设用户原供热系统的效率为 85%，原制冷系统的性能系数为 3。将上述数据和表 7-1 数据代入公式（5-9），计算可得实证项目天然气分布式能源系统节能率 Δq 为：

$$\Delta q = 1 - \frac{Q_f \times \rho}{\dfrac{Q_e}{\eta_e} + \dfrac{Q_h}{\eta_h} + \dfrac{Q_c}{COP \times \eta_e}} \times 100\%$$

$$= 1 - \frac{722710 \times 38931 \div 3.6 \div 10^3}{\dfrac{2880000}{40\%} + \dfrac{2357424}{85\%} + \dfrac{422496}{3 \times 40\%}} \times 100\% = 24.31\%$$

从上述性能指标可见，该天然气分布式能源系统的能源利用效率达72.42%，满足行业技术标准（能源利用效率70%以上[2]）。同时，系统的一次能耗率为1.38，节能率为24.31%，具有较好的节能性能。

第三节　案例项目综合评价值 EPV 分析

一、项目"传统经济性"分析——净现值 NPV 计算

将表 7-1 相关数据代入公式（6-3），计算可得项目年运营收入为：

---

[1]　《中国电力年鉴》编辑委员会：《中国电力年鉴（2016）》，中国电力出版社，2016年，第668页。
[2]　国家发展和改革委员会、国家能源局、住房和城乡建设部：《天然气分布式能源示范项目实施细则》，2014年。

$$In_t = Q_{et} \times P_{et} + Q_{ht} \times P_{ht} + Q_{ct} \times P_{ct}$$
$$= 2880000 \times 0.8444 + 2357424 \times 0.35 + 422496 \times 0.21$$
$$= 334.57(万元)$$

将表 7-1 相关数据代入公式（6-4），计算可得项目年运营成本为：

$$C_t = \frac{Q_{ft} \times P_{ft}}{\beta_t} = \frac{722710 \times 2.86}{75\%} = 275.59(万元)$$

将上述结果及相关数据代入公式（6-2），计算可得项目净现值 NPV 为：

$$NPV = \sum_{t=1}^{T} \frac{In_t - C_t}{(1 + i_c)^t} - I_0$$
$$= \sum_{t=1}^{21} \frac{334.57 - 275.59}{(1 + 8\%)^t} - 523 = 13.14(万元)$$

需要注意的是，由于该项目存在 1 年建设期，因此公式（6-2）中的 T 取值为 20+1=21 年，其中第 1 年的净现金流为 0。

二、项目"环境补偿经济性"分析——绿色现值 GPV 计算

（一）相关变量取值

1. 电网排放因子、天然气排放因子、天然气低位热值取值

根据生态环境部应对气候变化司公布的《2017 中国区域减排项目电网基准线排放因子》可知，华中区域电网（含四川省）2017 年电量边际排放因子为 0.9014tCO$_2$/MW·h，容量边际排放因子为 0.3112tCO$_2$/MW·h，加权平均后取组合边际排放因子为 0.6063tCO$_2$/MW·h。同样查询生态环境部应对气候变化司公布数据，天然气排放因子为 54300kgCO$_2$/TJ，天然气低位热值为 38931kJ/m^3。

2. 基准线供热系统效率、基准线制冷系统性能系数取值

由于基准线的供热系统的效率和制冷系统的性能系数未公布，根据市场老旧燃气锅炉和电空调的常见数据，设用户原供热系统的效率为 85%，原制冷系统的性能系数为 3。

3. 碳减排交易单价取值

由于篇幅所限，本书未对碳排放影子价格的计算模型展开具体研究。陈欣、刘延（2018）[①] 应用 NDDF 函数对全国 29 个省（区、市）的碳排放影子价格进行了研究，在传统投入产出模型下（投入指标为一次能源消耗、劳动力、资本，期望产出为地区 GDP，负期望产出为二氧化碳排放量），计算得到四川省的二氧化碳排放影子价格为 457.83 元/tCO₂，本书直接利用这一结果作为测算依据。

综合以上信息，该项目的相关数据如表 7－2 所示。

表 7－2 实证项目碳减排收益计算参数取值表

指标名称	数据	单位	指标名称	数据	单位
电网排放因子（EF_{et}）	0.6063	tCO₂/（MW·h）	基准线供热系统效率（η_h）	85%	—
天然气排放因子（EF_{ft}）	54300	kgCO₂/TJ	基准线制冷系统性能系数（COP）	3	—
天然气低位热值（ρ）	38931	kJ/m³	碳减排交易单价（$P_{\Delta t}$）	457.83	元/tCO₂

（二）计算项目碳减排收益

1. 基准线碳排放量计算

将表 7－2 数据代入公式（6－8），计算可得项目供电对应的基准线碳排放量为：

$$BE_{et} = Q_{et} \times EF_{et} = 2880000 \div 10^3 \times 0.6063 = 1746.14(tCO_2)$$

将数据代入公式（6－9），计算可得项目供热对应的基准线碳排放量为：

$$BE_{ht} = \frac{Q_{ht}}{\eta_h} \times EF_{ft} = \frac{2357424 \times 3.6}{85\%} \times 54300 \div 10^9 = 542.15(tCO_2)$$

将数据代入公式（6－10），计算可得项目供冷对应的基准线碳排放量为：

$$BE_{ct} = \frac{Q_{ct}}{COP} \times EF_{et} = \frac{422496 \div 10^3}{3} \times 0.6063 = 85.39(tCO_2)$$

---

① 陈欣、刘延：《中国二氧化碳影子价格估算及与交易价格差异分析——基于二次型方向性距离产出函数》，《生态经济》，2018 年第 6 期，第 14～20、50 页。

按照公式（6-7），项目基准线碳排放量为：

$$BE_t = BE_{et} + BE_{ht} + BE_{ct}$$
$$= 1746.14 + 542.15 + 85.39 = 2373.68(tCO_2)$$

2. 实证项目碳排放量计算

将数据代入公式（6-11），计算可得天然气分布式能源项目的排放量为：

$$PE_t = Q_{ft} \times \rho \times EF_{ft}$$
$$= 722710 \times 38931 \div 10^9 \times 54300 \div 10^3 = 1527.78(tCO_2)$$

3. 实证项目碳减排量计算

将数据代入公式（6-12），计算可得天然气分布式能源项目的排放量为：

$$\Delta E_t = BE_t - PE_t = 2373.68 - 1527.78 = 845.90(tCO_2)$$

4. 实证项目碳减排收益计算

将数据代入公式（6-13），计算可得实证项目每年的碳减排经济收益为：

$$GIn_t = \Delta E_t \times P_{\Delta t} = 845.90 \times 457.83 = 38.73(万元)$$

（三）计算项目绿色现值 GPV

将上述计算结果及相关数据代入公式（6-14），计算可得项目绿色现值 GPV：

$$GPV = \sum_{t=1}^{T} \frac{GIn_t}{(1+i_c)^t}$$
$$= \sum_{t=1}^{21} \frac{38.73}{(1+8\%)^t} = 352.09(万元)$$

从上述考虑碳减排收益因素的实证分析结果来看，在以影子价格作为单位碳减排量市场价格的前提下，天然气分布式能源项目的潜在碳减排经济收益达到了每年 38.73 万元，相应的绿色现值 GPV 达到了 352.09 万元（而项目每年自身运营的收益仅为 58.98 万元，项目的净现值 NPV 仅为 13.14 万元）。如果这部分外部经济性能够得到充分补偿，项目的经济回报能力将大幅增加至 365.23（13.14+352.09=365.23）万元，项目经济性明显改善。

三、项目"不确定性经济性"分析——实物期权现值 OPV 计算

在上述按照净现值 NPV 及绿色现值 GPV 的计算过程中，均假定项目每年的收入、成本、净现金流不变，且没有考虑投资者在项目经营过程中的可变选择，忽略了项目的不确定性因素对项目经济回报能力的影响。现根据第六章的研究成果计算该天然气分布式能源项目的实物期权现值 OPV。

（一）构建项目多期二叉树模型

项目运营期 20 年，建设期 1 年，现构建项目周期为 $T=21$ 年、$\Delta t=1$ 年、期数为 21 期的多期二叉树模型。二叉树模型节点路径如图 7-3 所示。

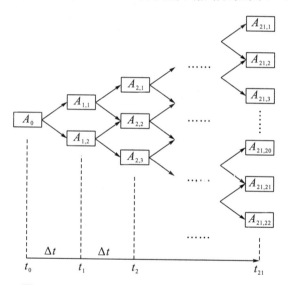

图 7-3　实证项目 21 期二叉树模型节点路径图

（二）相关变量取值

1. 无风险收益率 r 取值

由于国债的风险极低，通常取国债利率为无风险收益率。参考国内近年国

债利息数据，本书取 $r=4\%$[①]。

2. 资产价格波动率 σ 取值

本书假设天然气分布式能源项目的资产价格波动率与该行业上市公司的股票价格波动率一致。故取 A 股市场中业务范围与天然气分布式能源相关的企业[②]的股票历史价格数据，并计算历史收益率的标准差和年价格波动率。计算过程及数据如表 7-3 所示。

表 7-3 A 股市场天然气分布式能源相关企业股价波动率计算表

时间	迪森股份（300335）		大连热电（600719）		宁波热电（600982）	
	股票价格（单位：元）	复合收益率	股票价格（单位：元）	复合收益率	股票价格（单位：元）	复合收益率
2018.12	6.27	−0.0928	3.81	−0.0512	3.33	−0.0030
2018.11	6.88	0.0786	4.01	0.0202	3.34	0.0397
2018.10	6.36	−0.1977	3.93	−0.1243	3.21	−0.0663
2018.09	7.75	0.0489	4.45	0.0578	3.43	0.0539
2018.08	7.38	−0.2172	4.20	−0.0623	3.25	−0.0712
2018.07	9.17	−0.1487	4.47	0.0411	3.49	0.1153
2018.06	10.64	−0.1482	4.29	−0.2114	3.11	−0.1546
2018.05	12.34	−0.0513	5.30	0.0171	3.63	−0.0378
2018.04	12.99	−0.1571	5.21	−0.1021	3.77	−0.0390
2018.03	15.20	−0.0215	5.77	0.1274	3.92	0.0128
2018.02	15.53	0.0143	5.08	−0.1479	3.87	−0.0771
2018.01	15.31	−0.1314	5.89	−0.0545	4.18	−0.0306
2017.12	17.46	−0.1151	6.22	−0.0207	4.31	0.0023
2017.11	19.59	−0.0709	6.35	−0.1757	4.30	−0.1204

---

① 张敏莉、李元辉：《二叉树模型在项目投资决策中的应用》，《扬州大学学报（自然科学版）》，2010 年第 4 期，第 75~78 页。

② 目前 A 股市场尚没有主营业务明确为天然气分布式能源项目的企业，与天然气分布式能源高度相关的业务有天然气发电、天然气热电联供、民用商用集中供热等。据此选取了 6 家主营业务收入集中在上述领域的公司，分别为迪森股份（300335）、大连热电（600719）、宁波热电（600982）、惠天热电（000692）、天富能源（600509）、联美控股（600167）。

时间	迪森股份（300335）		大连热电（600719）		宁波热电（600982）	
	股票价格（单位：元）	复合收益率	股票价格（单位：元）	复合收益率	股票价格（单位：元）	复合收益率
2017.10	21.03	0.0994	7.57	0.0227	4.85	0.0041
2017.09	19.04	−0.0269	7.40	−0.0423	4.83	−0.0406
2017.08	19.56	0.1136	7.72	0.0628	5.03	0.0080
2017.07	17.46	−0.0934	7.25	−0.0846	4.99	0.0305
2017.06	19.17	0.0302	7.89	−0.0263	4.84	0.0021
2017.05	18.60	−0.0202	8.10	−0.1349	4.83	−0.0445
2017.04	18.98	0.0962	9.27	−0.0161	5.05	−0.1034
2017.03	17.24	−0.0075	9.42	0.0969	5.60	−0.0420
2017.02	17.37	0.0593	8.55	0.0213	5.84	0.0384
2017.01	16.37	−0.0622	8.37	0.0279	5.62	0.0216
2016.12	17.42		8.14		5.50	
计算结果　标准差	—	0.0973	—	0.0871	—	0.0605
计算结果　波动率	—	0.3371	—	0.3016	—	0.2096

时间	惠天热电（000692）		天富能源（600509）		联美控股（600167）	
	股票价格（单位：元）	复合收益率	股票价格（单位：元）	复合收益率	股票价格（单位：元）	复合收益率
2018.12	2.56	−0.1178	3.57	−0.0935	9.04	0.0395
2018.11	2.88	0.0070	3.92	0.0470	8.69	0.0116
2018.10	2.86	−0.0806	3.74	−0.1231	8.59	0.0787
2018.09	3.10	0.0065	4.23	0.0337	7.94	−0.1085
2018.08	3.08	−0.0629	4.09	−0.0888	8.85	−0.1738
2018.07	3.28	0.0404	4.47	−0.0022	10.53	0.0516
2018.06	3.15	−0.1981	4.48	−0.1374	10.00	−0.1655
2018.05	3.84	0.0078	5.14	−0.0785	11.80	−0.6965
2018.04	3.81	−0.0512	5.56	−0.0491	23.68	−0.0795
2018.03	4.01	0.0100	5.84	−0.0419	25.64	0.0578
2018.02	3.97	−0.0467	6.09	−0.1073	24.20	−0.0325

时间	惠天热电 (000692)		天富能源 (600509)		联美控股 (600167)	
	股票价格（单位：元）	复合收益率	股票价格（单位：元）	复合收益率	股票价格（单位：元）	复合收益率
2018.01	4.16	−0.2403	6.78	−0.0117	25.00	0.0679
2017.12	5.29	0.0524	6.86	−0.0029	23.36	−0.0939
2017.11	5.02	−0.2239	6.88	−0.0769	25.66	0.0393
2017.10	6.28	−0.0942	7.43	−0.0200	24.67	−0.0032
2017.09	6.90	−0.0229	7.58	−0.0413	24.75	0.0773
2017.08	7.06	0.0765	7.90	−0.0779	22.91	0.0061
2017.07	6.54	−0.1208	8.54	0.1153	22.77	0.0696
2017.06	7.38	0.1178	7.61	0.0498	21.24	0.0642
2017.05	6.56	0.0516	7.24	−0.1011	19.92	−0.1364
2017.04	6.23	−0.0159	8.01	−0.1276	22.83	0.0545
2017.03	6.33	−0.0463	9.10	0.1017	21.62	−0.0092
2017.02	6.63	0.0654	8.22	0.0984	21.82	0.1661
2017.01	6.21	−0.0348	7.45	−0.0027	18.48	0.1061
2016.12	6.43		7.47		16.62	
计算结果 标准差	—	0.0932	—	0.0751	—	0.1682
计算结果 波动率	—	0.3229	—	0.2601	—	0.5827

上述 6 只股票股价波动率分别为 0.3371、0.3016、0.2096、0.3229、0.2601、0.5827，平均值为 0.3357。故本实证案例的资产价格波动率取值 $\sigma = 0.34$。

3. 计算 u、d、p 数值

根据公式（6-26）、公式（6-27）、公式（6-28）计算得到：

$$u = e^{\sigma \sqrt{\Delta t}} = e^{0.34 \times \sqrt{1}} = 1.40$$

$$d = e^{-\sigma \sqrt{\Delta t}} = \frac{1}{1.40} = 0.71$$

$$p = \frac{e^{r\Delta t} - d}{u - d} = \frac{e^{0.04 \times 1} - 0.71}{1.40 - 0.71} = 0.47$$

综上，本实证项目相关参数取值及部分参数计算结果如表 7-4 所示。

表7-4 实证项目实物期权现值计算参数取值表

参数名称	取值	单位	参数名称	取值	单位
多期二叉树时间间隔（Δt）	1	年	无风险收益率（r）	4%	—
资产价格波动率（σ）	0.34	—	上涨因子（u）	1.40	—
下降因子（d）	0.71	—	风险中性条件下上涨概率（p）	0.47	

（三）计算并绘制资产价格、期权价格路径图

1. 计算并绘制资产价格路径图

按照二叉树原理及第六章对项目资产价格的分析，由于存在资产价格泄漏，无论之前节点的资产价格如何变化，在 t_{21} 时，最后一列节点 $A_{21,m}$ 的资产价格始终为 $S_{21,m}=0$（$m=1$，2，…，22）。项目的资产价格变化路径图如图7-4所示。

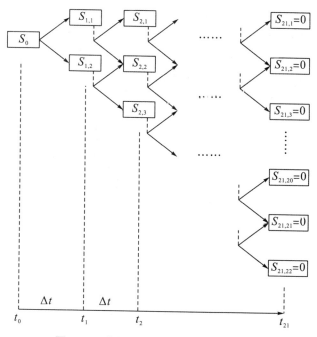

图7-4 实证项目资产价格变化路径图

2. 计算并绘制期权价格路径图

步骤一：在 t_{21} 时，投资者可选择继续持有项目或放弃项目，此时项目的资产价格 $S_{21,m}=0$（$m=1$，2，…，22），且项目运营期已满，未来无现金流产生，因此继续持有项目的收益为 0。而此时放弃项目可收回残值，因此放弃项目的收益为 $C_{21}=26.15$ 万元（项目总投资 523 万元，运营期满后残值 5%）。两相比较，投资者显然将选择放弃项目。同时，根据公式（6-29）可知，t_{21} 时各节点的期权价格为 $V_{21,m}=26.15$ 万元（$m=1$，2，…，22）。

将 $A_{21,1}$、$A_{21,2}$ 节点的期权价格 $V_{21,1}=V_{21,2}=26.15$ 万元、项目第 21 年的净现金流 $\Delta W_{21}=97.71$ 万元（项目自身运营收益 58.98 万元，碳减排经济收益 38.73 万元）以及 u、d、p 数值代入公式（6-29）计算，可得到 $A_{20,1}$ 节点的期权价格为：

$$V_{20,1} = 87750.23 \ 万元$$

进一步分析，在 $A_{20,1}$ 节点，有：

$$持有项目收益 = e^{-r\Delta t}\left[p(V_{21,1} + \Delta W_{21}\, u^{21}) + (1-p)(V_{21,2} + \Delta W_{21}\, u^{20}d)\right]$$
$$= 87750.23 \ 万元$$

$$放弃项目收益 = C_{20} = 50.99 \ 万元$$

因此投资者将选择持有项目，故 $A_{20,1}$ 节点的期权价格为 87750.23 万元。这与按公式（6-29）计算的结果一致。

上述是由 $A_{21,1}$、$A_{21,2}$ 节点逆推求解 $A_{20,1}$ 节点期权价格 $V_{20,1}$ 的过程，其路径如图 7-5 所示。

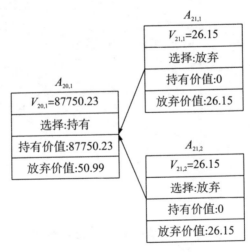

图 7-5　实证项目 $A_{20,1}$ 节点期权价格推导路径（单位：万元）

步骤二：同理，将 $A_{21,21}$、$A_{21,22}$ 节点的期权价格 $V_{21,21}=V_{21,22}=26.15$ 万元以及项目第 21 年的净现金流 $\Delta W_{21}=97.71$ 万元代入公式（6−29）计算，可得到 $A_{20,21}$ 节点的期权价格为：

$$V_{20,21}=50.99 \text{ 万元}$$

进一步分析，在 $A_{20,21}$ 节点，有：

$$持有项目收益 = \mathrm{e}^{-r\Delta t}\left[p(V_{21,21}+\Delta W_{21}u\,d^{20})+(1-p)(V_{21,22}+\Delta W_{21}\,d^{21})\right]$$
$$=25.23 \text{ 万元}$$

$$放弃项目收益 = C_{20}=50.99 \text{ 万元}$$

因此投资者将放弃项目，故 $A_{20,21}$ 节点的期权价格为 50.99 万元。这与按公式（6−29）计算的结果一致。

由 $A_{21,21}$、$A_{21,22}$ 节点逆推求解 $A_{20,21}$ 节点期权价格 $V_{20,21}$ 的路径如图 7−6 所示。

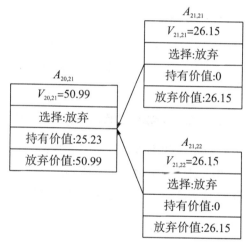

图 7−6　实证项目 $A_{20,21}$ 节点期权价格推导路径图（单位：万元）

步骤三：以此类推，从 t_{21} 起反复逆推至 t_1，可求得 $A_{1,1}$ 节点期权价格 $V_{1,1}=2766.27$ 万元，$A_{1,2}$ 节点期权价格 $V_{1,2}=1429.53$ 万元。将 $V_{1,1}$、$V_{1,2}$ 以及项目第 1 年的净现金流 $\Delta W_1=0$（建设期 1 年，无现金流入），代入公式（6−29）计算，可得到 A_0 节点的期权价格为：

$$V_0=1460.12 \text{ 万元}$$

进一步分析，在 A_0 节点，有：

$$投资项目收益 = \mathrm{e}^{-r\Delta t}\left[p(V_{1,1}+\Delta W_1 u)+(1-p)(V_{1,2}+\Delta W_1 d)\right]$$
$$=1983.12 \text{ 万元}$$

$$投资成本 = I_0 = 523\,万元$$

$$投资项目收益 - 投资成本 = 1460.12\,万元$$

$$放弃项目收益 = 0\,万元$$

因此投资者将选择投资项目，故 A_0 节点的期权价格为 1460.12 万元。这与按公式（6-29）计算的结果一致。

由 $A_{1,1}$、$A_{1,2}$ 节点逆推求解 A_0 节点期权价格 V_0 的路径图如图 7-7 所示。

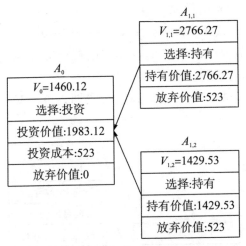

图 7-7　实证项目 A_0 节点期权价格推导路径图（单位：万元）

由于 A_0 节点为项目投资前的决策时点，因此其期权价格 V_0 即为项目的实物期权现值 OPV，故实证项目的实物期权现值 OPV 为 1460.12 万元。

从 t_{21} 重复逆推至 t_0 的全过程中，各节点 21 期二叉树模型期权价格推导路径如图 7-8 所示。

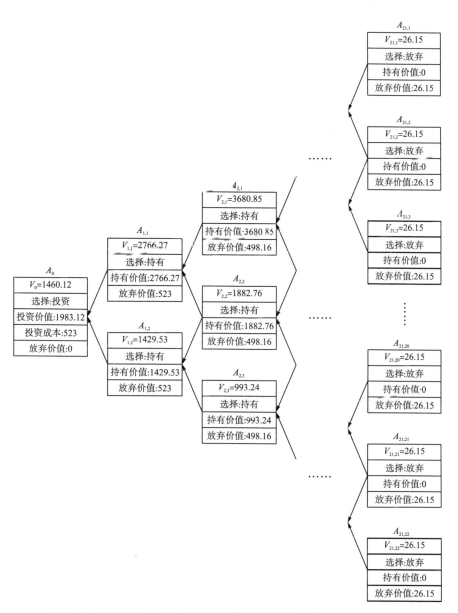

图 7-8   实证项目 21 期二叉树模型期权价格推导路径（单位：万元）

四、项目"综合经济评价体系"分析——综合评价值 *EPV* 计算

根据前述计算结果，案例项目的净现值 *NPV* 为 13.14 万元，绿色现值 *GPV* 为 352.09 万元，实物期权现值 *OPV* 为 1460.12 万元。按照公式（6－30），项目的综合评价值 *EPV* 为：

$$EPV = NPV + GPV + OPV$$
$$= 13.14 + 352.09 + 1460.12 = 1825.35(万元)$$

综合前述实证分析可见，该天然气分布式能源项目的能源利用效率达 72.42%，一次能耗率为 1.38，节能率为 24.31%，技术指标符合行业技术标准，系统性能良好。按照传统的经济评价方式，该项目的"传统经济性"评价结果（净现值 *NPV*）仅为 13.14 万元。由于该项目替代了用户原有的电网供电＋燃气锅炉供热＋电制冷的用能方式，每年较基准线可减排二氧化碳 845.90 吨，具有较明显的碳减排效果，在以二氧化碳影子价格（单位减排边际成本）为价格参考的前提下，项目每年的碳减排外部效益对应的市场价格为 38.73 万元，其"环境补偿经济性"评价结果（绿色现值 *GPV*）为 352.09 万元。在此基础上，通过构建 21 期二叉树模型，计算得到该实证项目的"不确定性经济性"评价结果（实物期权现值 *OPV*）为 1460.12 万元。基于上述计算结果，在考虑项目的碳减排经济收益及不确定性因素对项目经济性的影响后，项目的"综合经济评价体系"的评价结果（综合评价值 *EPV*）为 1825.35 万元，经济性得到明显提升。

对上述计算结果进一步分析，可以得出以下结论：

第一，该项目的投资总额为 523 万元（不考虑融资），在行业基准收益率 8%的测算条件下，项目的净现值 *NPV* 仅为 13.14 万元，投资回报较低。而该项目是标准的商业型天然气分布式能源项目，技术性能指标良好，用户（三级甲等医院）也是负荷稳定且具有典型意义的冷、热、电三联供用户，因此这一结果反映了该类项目自身运营收益低下的现实状况。若按照这种传统经济评价方式来衡量天然气分布式能源项目的经济回报能力，必然影响投资者的投资热情，这也印证了本书前述部分分析得出的经济性预期普遍较低是导致产业投资观望情绪浓厚、产业发展缓慢的主要因素的结论。

第二，考虑该项目每年可减排二氧化碳 845.90 吨，以影子价格为基准测算项目的碳减排效益市场价格为每年 38.73 万元，由此产生的绿色现值 *GPV*

为 352.09 万元。由此可见，从碳减排边际成本的角度出发，天然气分布式能源项目的碳减排经济价格十分明显，远远超过在现有市场条件下项目自身运营所创造的经济收益，若这一经济外部性可以得到较为有效的补偿，将大幅提升该类项目的经济性，增强项目投资吸引力。此外，由于本案例用户原供热方式为燃气锅炉，因此供热基准线计算取用了天然气排放因子；若用户原供热方式为燃煤锅炉，则此处将取用煤炭排放因子作为基准线计算参数，项目的减排量还将大幅提高，项目获得的碳减排收益也更大。

第三，基于实物期权理论并应用多期二叉树模型对该实证项目的"不确定性经济性"进行测算，项目的实物期权现值 OPV 达到了 1460.12 万元，而包含实物期权现值 OPV 在内的综合评价值 EPV 达到了 1825.35 万元，远高于传统的项目净现值 NPV。按照实物期权理论，不确定性越大、可变因素越多，其对项目经济回报能力的影响也越大，因此这一计算结果印证了该类项目具有不确定性大的突出特征，这与本书前述部分的分析结果一致。而现实案例中，也的确存在由于市场条件、用户经营状况发生较大变化，导致天然气分布式能源项目运营期间的实际经济体现与项目可研、投资决策阶段的传统经济评价结果大相径庭的现象，故投资者应该将此类不确定性因素纳入该类项目的经济评价体系之中。

综合来看，案例分析结果充分印证了本书前述部分对天然气分布式能源产业发展现状、影响因素以及经济评价相关问题的研究结论，体现了对传统经济评价方式进行创新的必要性，并验证了"传统经济性＋环境补偿经济性＋不确定性经济性"的"综合经济评价体系"以及"综合评价值 EPV"量化测算模型的可行性。这一新构建的评价体系充分反映了天然气分布式能源项目的自身特点，对传统经济评价方式的缺陷进行了有效弥补，有助于市场主体正确评估该类项目投资的经济回报，增强投资意愿，促进产业发展。

第八章　对策建议

　　天然气分布式能源是天然气的高效利用方式，在环保、灵活、安全等方面优势明显，政府给予了明确的鼓励和支持，业界对该产业发展普遍看好并寄予厚望。本书研究表明，我国天然气利用规模将保持较快增长，天然气分布式能源产业发展具有较大的市场空间。但是，我国天然气分布式能源发展状况并不理想，大量项目投资建设滞后，存在明显的"虚火"特征，其中项目经济性预期普遍较低是阻碍产业发展的核心制约因素。针对传统经济评价方式的适应性缺陷，本书研究形成的"传统经济性＋环境补偿经济性＋不确定性经济性"的"综合经济评价体系"及"净现值 NPV ＋绿色现值 GPV ＋实物期权现值 OPV"的"综合评价值 EPV"量化测算模型，有效弥补了传统评价方式的不足，反映了天然气分布式能源项目的自身特点，可作为投资评价的决策参考。结合上述研究结论，本书从产业政策、项目投资、体制改革等方面提出相应的对策建议。

第一节　关于产业政策的建议

一、制定产业发展规划

　　天然气分布式能源涉及燃气、电力、供热、城建、环保等多种行业，项目的有序开发、建设既关系到能源资源的有效利用，又关系到能源供应的安全可靠性，其产业发展需要清晰明确的规划及跨部门的统筹协调。从本书对政策梳理情况可见，2011 年出台的《关于发展天然气分布式能源的指导意见》对产业发展提出了纲领性的要求，此后的能源政策均表示了对该产业的支持鼓励，但至今仍未出台天然气分布式能源产业发展的专项规划。一方面，这造成市场及各级政府对这一新兴能源供应方式的风险和前景持谨慎态度，并且由于项目边界条件多、协调难度大而产生排斥心理，导致项目推广往往遇到强大的保守或惰性阻力；另一方面，由于缺乏布局规划和技术标准，个别投机者无序竞争、跑马圈地、圈而不建以及试图以分布式能源的名义开发燃气发电项目的现象滋生，扰乱了产业的健康发展。政府部门应结合经济和社会发展规划、能源发展规划，综合考虑电力、电网、天然气、热力供应、城镇化建设等相关领域的发展情况，尽快出台专项规划，提出天然气分布式能源产业发展的指导思想、目标任务、主要举措，并对重点发展区域和重点项目进行梳理和明确。

二、明确主要应用领域

分散式供热方式的能源利用效率不高，且在成本、安全、环保方面不具优势，在热负荷集中的区域采取集中供热是降低用能成本、提升安全可靠性、减少污染物排放的有效手段，并可大幅降低政府相关部门在管理上的难度。目前，全国大部分地区在推行集中供热上的进展情况并不理想，天然气分布式能源由于实现了能源梯级利用，在资源利用效率、节能减排降耗方面优势明显，是热负荷集中的工业园区、工商业用户的理想供能方式。因此，政府部门应进一步将推行集中供热与天然气分布式能源产业发展结合起来，在因地制宜实施"煤改气"[①] 和集中供热的基础上，在资源有保障的区域强制要求优先论证天然气分布式能源项目建设的可行性，通过大力发展区域型项目来加快推动该产业的发展壮大。

三、简化相关审批手续

天然气分布式能源区别于水电、火电、风电等传统能源行业的主要特点之一是其项目开发以满足用户侧能源需求为导向，项目的可行性主要由具体的供需双方在市场边界条件下达成的能源产品购售合同决定，因此政府对该类项目的审批应聚焦在安全、环保、气源保障、并网方式等方面，对其他方面内容的审核应予简化。目前全国大部分地区的天然气分布式能源项目审批仍然同传统燃煤电厂、燃气电厂的审批流程类似，需要报政府部门核准，且所需支持性文件较多，导致项目审批阶段所需时间较长，效率不高。此外，由于天然气分布

---

① 国务院：《关于促进天然气协调稳定发展发展的若干意见》，2018 年。

式能源对电网企业的传统利益形成挤占和冲击，电网企业往往以技术、规划等理由对该类项目并网设置非必要的条件和限制，即便是由有资质的专业机构编制的接入系统方案或并网调试方案，都要经过长时间和多专业的分析论证，这增加了项目投资的资金和时间成本，使不少潜在投资者以及对项目进度要求较高的用户对天然气分布式能源望而却步。对此，政府部门应在明确环保、安全、技术指标等关键要求的基础上，进一步简化审批流程，由投资者自身根据市场条件对项目经济性、投资风险进行研究评估，进而做出投资判断。同时，督促电网企业从优化能源结构、推进节能减排的大局出发，优化天然气分布式项目并网的办理程序，减少过程中的设关堵卡。

第二节　关于项目投资的建议

一、综合评估天然气分布式能源项目的经济性

本书的研究结果表明，在当前的能源体制、市场环境条件下，天然气分布式能源项目自身运营的收益不高，投资的传统经济评价结果较低，但在考虑环境补偿经济性、不确定性经济性的情况下，该类项目的综合经济性将得到大幅提升。从这一结论出发，建议市场投资者调整传统的单纯评估项目自身收益的方式，科学对待项目的投资经济性。第一，我国正处于构建清洁低碳、安全高效的现代能源体系和加快生态文明建设的关键时期，尽管在目前的市场、政策条件下，天然气分布式能源项目在资源高效利用、节能减排降耗等方面的外部效益并未在项目经济收益上得到有效体现，但随着产业发展政策的配套到位（如投资补贴）和市场化的生态补偿机制（如碳排放交易市场）的不断完善，该类项目的外部效益将会在相当大的程度上转化为经济收益，项目投资的经济性将随之大幅提升。第二，目前天然气分布式能源产业在我国仍处于发展初期，全社会对这一新兴供能方式的认知和理解仍然十分有限，随着产业规模的扩大和应用的推广，该类项目对于能源产业改革发展、优化能源结构的作用将更为充分地展现，其投资回报能力也将在市场上得到更多认可和进一步释放。对此，市场投资者可以参考本书构建的"传统经济性＋环境补偿经济性＋不确定性经济性"的评价体系，充分考虑除自身运营收益外可能对项目经济回报能力造成影响的其他因素，对天然气分布式能源项目的经济性进行综合评价。

二、多种途径提升项目自身运营经济效益

　　项目经济性预期普遍较低是目前影响我国天然气分布式能源项目发展的首要制约因素，尽管该类项目具有显著的环境补偿经济性和不确定性经济性，但在目前缺乏政策性补贴、市场化补偿机制运行效果不佳的情况下，市场投资者首先应尽可能改善项目现阶段自身运营的经济性低下问题，提高项目投资的现实可行性。第一，天然气分布式能源项目的产品销售对象是特定的能源用户，由于供能范围和政策规定的限制，项目没有特定用户之外的产品销售对象，项目投资的风险很大程度上取决于用户用能需求的变化和波动。这类风险是由天然气分布式能源项目的产业性质所决定的，最常见的情况是由于用户所处行业不景气或自身运营不善导致业务萎缩，生产量下滑，从而带来用能需求下降。因此，投资者在项目选择上应聚焦经营状况良好、用能负荷稳定、价格承受能力较强的优质用户，以防范因下游用户经营不善导致的项目投资风险，提升项目经济性。第二，在技术方案上应尽可能推行模块化和分期实施，根据用户在发展过程中不同阶段的用能需求，分段投资建设天然气分布式能源系统，拼装式、模块化地逐步增加项目内容，避免过度建设，降低投资成本。第三，天然气分布式能源项目涉及的价格要素较多（天然气价、电价、热价、冷价），燃料成本（天然气）在项目总运营成本中的占比较高，对项目运营收益影响较大。目前我国天然气价格形成机制正逐步向完全市场化的方向发展，市场供需变化对价格的影响将更为直接，波动将更为频繁（如近几年冬季供气紧张时段，各地区非居用气价格普遍上涨）。对此，投资者应与用户建立气—电、气—热（冷）价格联动机制，通过价格传导来有效消化上游天然气价格波动对项目经营效益造成的负面影响。

三、严格遵循行业标准和技术规范

　　尽管天然气是我国降低煤炭消费比重的主力替代品种，但天然气是相对稀缺的资源，必须经济、集约、高效地对其加以利用。天然气分布式能源在资源高效利用上的突出优势源自冷、热、电三联供系统实现的能源梯级利用，而单纯的燃气制热、燃气发电在资源利用效率上并不具备这一优势。我国政府在对天然气分布式能源的标准定义上也做出了明确规定，即要求该类项目必须实现能源梯级利用且综合能源效率达到 70% 以上。目前我国天然气分布式能源市

场投资的主要参与者为大型国有企业，而国企从扩大资产规模、提升产业影响力的角度出发，往往存在盲目增加项目的发电装机容量甚至以分布式能源之名变相建设天然气发电项目的投资冲动。这种错误方式既偏离了天然气分布式能源梯级利用、高效利用的本质属性，影响了市场和社会对该新兴产业的正确认识，客观上也加大了政府对出台实质性产业补贴政策的顾虑和财政负担，还会对项目自身的运营效益产生负面影响（能源利用效率下降将导致单位原料投入的产出减少）。因此，市场投资者应该严格遵循行业标准，坚持以热（冷）定电、供需平衡、梯级利用、就近消纳等原则科学设计项目装机方案、确定项目建设规模，确保各项技术性能指标达到行业标准和规范。这既有利于争取政策支持、增加项目收益、提高经济回报，也有利于维护投资市场正常秩序，促进产业健康发展。

第三节　关于体制改革的建议

一、深化电力体制、油气体制改革

目前的电力体制、油气体制对天然气分布式能源产业发展造成了一定的困难和障碍，这需要通过深化体制改革来逐步解决。在电力体制改革方面，应坚持输配分离和市场化的改革方向，协调推进电力交易市场建设，积极构建公平透明、有效竞争的电力市场化生产、销售机制，使市场在资源配置中起决定性作用。同时，对于天然气分布式能源余电上网的市场化交易，应制定具体交易实施细则并客观、科学地确定专项输配电价，充分体现该产业在优化能源结构、降低建设运营成本方面的优势。在油气体制改革方面，党的十八大以来的一系列改革在政策层面基本明确了天然气开发、生产、加工、运输、销售各环节的利益分配原则，有利于资源的科学合理配置，提高天然气利用效率，激发天然气产业的投资热情。但客观上，各项改革政策在基层并未完全落实到位，现行的体制机制与"形成公平、竞争、开放、有序的天然气市场体系"的目标仍有较大差距。在深化改革上，应坚持政企分开、网运分开的原则，推进天然气管网与天然气销售业务的剥离，促进天然气配售环节的公平竞争，并强化管道运输成本和价格监审，严厉打击不必要的转输和层层加价行为，保障天然气分布式能源项目享受到油气体制改革的成本红利。

二、加快提高储气调峰能力

我国天然气资源供应保障能力总体上较强，但仍然面临较为严重的季节性"气荒"现象，这是当前天然气供给侧结构性矛盾的突出表现，并已成为制约天然气分布式能源产业发展的重要障碍。解决季节性"气荒"问题的关键在于提高调峰储备能力。对此，应鼓励社会各类主体参与储气设施的投资建设，逐步建立完善区域天然气应急、调峰、备用的硬件体系和管理机制，在发展天然气应用产业中积极拓展可中断用户。同时，进一步健全天然气价格市场形成机制，通过价格手段调节市场需求、优化资源配置，消解天然气供需矛盾，提高安全保供水平。

三、积极发展碳排放交易市场

本书的研究结果表明，天然气分布式能源的减排效果突出，参与碳排放自愿减排交易、获得碳减排收益可以提升该类项目经济性，将这一因素纳入经济评价体系有助于提升市场主体对这一新兴领域的投资热情，从而促进产业发展。但目前国内碳排放交易市场发展仍不成熟，配额分配覆盖面狭窄、交易标的过少、流动性不足、市场价格过低、交易成本较高，且全国性的统一交易市场尚未建立，仍需政府加快培育和发展。相应的政策建议有：一是在全国范围内加快推动建立碳排放产权制度，实现全国性碳排放交易市场的互联互通，加强碳资产在更大范围内的自由流动；二是政府出台政策鼓励市场减排主体参与碳排放交易，壮大市场容量，并优化碳排放交易的审批流程，提高参与交易的便捷程度；三是积极引导培育碳排放交易咨询、碳资产管理的服务队伍，降低项目交易成本，激发市场主体参与交易的积极性；四是通过优化排放配额分配、预留机动配额比例、设置价格阈值等方式，引导碳排放交易市场价格的合理波动，促进市场交易价格有效体现碳减排的边际成本。此外，还应参考碳排放交易机制的发展经验，加快推动其他类型排污权交易市场（如硫化物、氮氧化物等）的建设和发展。

四、建立促进能效提升的相关体制机制

提升能源利用效率既是促进节能减排的有效手段，也是构建资源节约型社

会的重要内容，天然气分布式能源在这方面的优势十分明显。目前，能源利用效率低下是我国能源产业存在的突出问题，造成这一现象主要有两方面的原因：一是相比于污染物总量减排和污染防治"三大战役"[①]，一些地方政府并未充分认识到提升能源利用效率的深层次意义，在相关考核制度、政绩评价中对这一任务缺乏刚性要求；二是社会各类经济主体对于提升能源利用效率的社会责任普遍缺失，且在现有市场环境下，资源成本、产品价格对于能源利用效率因素并不敏感，不能充分体现提升能源利用效率对于可持续发展的综合价值，低效、粗放的能源利用方式并未受到严格约束[②]。对此，政府应加快建立完善行政系统的绿色绩效考核体系，杜绝在发展和环保方面的短视行为。同时，应通过行业标准、政策规范，因地制宜、循序渐进地提高全社会的能源利用门槛，引导经济主体提升应用水平，促进天然气分布式能源等资源高效利用技术的推广应用。

---

① 污染防治"三大战役"：指我国政府提出的大气、水、土壤污染防治三大战役。

② 潘玉香、韩克勇：《中国能源利用效率、绩效及其障碍》，《经济问题》，2012年第2期，第25~30页。

参考文献

[1]《中国电力年鉴》编辑委员会. 中国电力年鉴（2016）[M]. 北京：中国电力出版社，2016.

[2] 陈诗一. 工业二氧化碳的影子价格：参数化和非参数化方法 [J]. 世界经济，2010，33（8）：93−111.

[3] 陈欣，刘延. 中国二氧化碳影子价格估算及与交易价格差异分析——基于二次型方向性距离产出函数 [J]. 生态经济，2018，34（6）：14−20+50.

[4] 邓聚龙. 灰色系统基本方法 [M]. 武汉：华中理工大学出版社，1987.

[5] 邓聚龙. 灰预测与灰决策 [M]. 武汉：华中科技大学出版社，2002.

[6] 范必. 中国能源政策研究 [M]. 北京：中国言实出版社，2013.

[7] 付林，李辉. 天然气热电冷联供技术及应用 [M]. 北京：中国建筑工业出版社，2007.

[8] 公磊，胡健. 基于 SWOT−AHP 模型的我国非常规油气资源开发接替战略分析 [J]. 西安财经学院学报，2017，30（5）：34−42.

[9] 桂华. 我国能源利用效率的成效、问题与建议 [J]. 宏观经济管理，2017（12）：41−46.

[10] 国际能源署. 中国分布式能源前景展望 [M]. 北京：石油工业出版社，2017.

[11] 国家发改委经济运行调节局，国家电网公司营销部，南方电网公司市场营销部. 分布式能源与热电冷联产 [M]. 北京：中国电力出版社，2013.

[12] 国家统计局能源统计司. 中国能源统计年鉴（2017）[M]. 北京：中国统计出版社，2017.

[13] 国家统计局人口和就业统计司. 中国人口和就业统计年鉴（2017）[M]. 北京：中国统计出版社，2017.

[14] 国务院发展研究中心课题组. 全球温室气体减排：理论框架和解决方案 [J]. 经济研究, 2009 (3)：4-13.

[15] 何润民, 周娟, 王良锦, 等. 促进我国天然气分布式能源发展的政策思考 [J]. 天然气技术与经济, 2013, 7 (6)：3-6+77.

[16] 胡鞍钢, 周绍杰, 任皓. 供给侧结构性改革——适应和引领中国经济新常态 [J]. 清华大学学报 (哲学社会科学版), 2016, 31 (2)：17-22+195.

[17] 华贲. 天然气分布式供能与"十二五"区域能源规划 [M]. 广州：华南理工大学出版社, 2012.

[18] 华贲. 中国低碳能源格局中的天然气 [J]. 天然气工业, 2011, 31 (1)：7-12.

[19] 黄杰. 中国能源环境效率的空间关联网络结构及其影响因素 [J]. 资源科学, 2018, 40 (4)：759-772.

[20] 蒋惠琴. 美国分布式能源发展及政策分析 [J]. 科技管理研究, 2014, 34 (12)：19-22.

[21] 李焰, 刘丹. 实物期权、二项式定价模型与融资结构——不确定性环境下初创企业融资决策探讨 [J]. 财经研究, 2003, 29 (5)：58-64.

[22] 李佐军, 盛三化. 通过供给侧改革优化中国能源供给结构 [J]. 江淮论坛, 2017 (6)：2, 5-10.

[23] 林伯强, 黄光晓. 能源金融 [M]. 北京：清华大学出版社, 2014.

[24] 林世平, 李先瑞, 陈斌. 燃气冷热电分布式能源技术应用手册 [M]. 北京：中国电力出版社, 2014.

[25] 刘凤虎, 杨斌胜, 张辉. 基于 SWOT-AHP 模型的民族传统体育文化产业发展战略研究 [J]. 北京体育大学学报, 2016, 39 (8)：26-32.

[26] 吕明达. 企业价值评估方法选择及 DCF 估值方法 [J]. 中国外资, 2014 (1)：142-143.

[27] 马蒙蒙, 蔡晨, 王兆祥. 基于二叉树期权定价模型的企业 R&D 项目价值评估研究 [J]. 中国管理科学, 2004, 12 (3)：22-27.

[28] 孟莹, 饶从军. 基于灰色系统理论的湖北省商品房均价预测与影响因素分析 [J]. 湖北工程学院学报, 2018, 38 (3)：43-47.

[29] 孟早明, 葛兴安. 中国碳排放权交易实务 [M]. 北京：化学工业出版社, 2016.

[30] 聂皓生. 期权 [M]. 北京：中国经济出版社, 2007.

［31］潘继平，杨丽丽，王路新，等. 新形势下中国天然气资源发展战略思考［J］. 国际石油经济，2017，25（6）：12-18.

［32］潘玉香，韩克勇. 中国能源利用效率、绩效及其障碍［J］. 经济问题，2012（2）：25-30.

［33］庞名立，崔傲蕾. 能源百科简明词典［M］. 北京：中国石化出版社，2009.

［34］彭晓燕. 珠三角地区天然气分布式能源应用前景分析［J］. 山西经济管理干部学院学报，2010（4）：35-37.

［35］齐正平. 我国分布式能源发展现状分析与建议［J］. 电器工业，2017（12）：22-29.

［36］冉娜. 国内外分布式能源系统发展现状研究［J］. 经济论坛，2013（10）：174-176.

［37］盛鹏飞，杨俊. 中国能源影子价格的区域异质与收敛——基于非参数投入距离函数的估计［J］. 产业经济研究，2014（1）：70-80.

［38］宋桂秋. 发展分布式能源优化供应体系［J］. 宏观经济管理，2015（7）：73-75.

［39］陶雅洁，石怀旺. 基于影子价格视角的资源型企业管理路径研究［J］. 审计与理财，2019（1）：43-45.

［40］童家麟，吕洪坤，蔡洁聪，等. 国内天然气分布式能源发展现状与应用前景综述［J］. 浙江电力，2018，37（12）：1-7.

［41］汪文忠. DCF方法的局限性研究［J］. 中国软科学，2002（2）：111-115.

［42］王波，吴楠. 基于SWOT-AHP模型的金融信息服务业发展战略研究——以上海市为例［J］. 科技管理研究，2015，35（4）：174-180.

［43］王海滋. 不可逆投资理论对传统投资决策原则的挑战［J］. 求索，2007（1）：21-23.

［44］王菊，于阿南，房春生. 能源革命战略背景下控制煤炭消费的困境与对策——以高比例煤炭消费的吉林省为例［J］. 经济纵横，2018，394（9）：57-63.

［45］王侃宏，袁晓华，刘宇，等. 天然气分布式能源系统碳减排分析［J］. 科技创新与应用，2013（7）：118-119.

［46］王卫琳，李洁，赖建波，等. 天然气分布式能源系统节能减排效益分析［J］. 煤气与热力，2013，3（8）：23-26.

[47] 王颖春. 发展天然气分布式能源指导意见出台 [N]. 中国证券报，2011－10－14（A09）.

[48] 王震，丛威. 加快储气库建设切实提升天然气应急调峰能力 [N]. 中国能源报，2016－08－22（04）.

[49] 王震，任晓航，杨耀辉，等. 考虑价格随机波动和季节效应的地下储气库价值模型 [J]. 天然气工业，2017，37（1）：145－152.

[50] 王震，薛庆. 充分发挥天然气在我国现代能源体系构建中的主力作用——对《天然气发展"十三五"规划》的解读 [J]. 天然气工业，2017，37（3）：1－8.

[51] 吴玉萍，张云. 中国能源供给侧改革的路径选择与政策设计 [J]. 资源开发与市场，2017，33（8）：969－973.

[52] 肖新平. 灰预测与决策方法 [M]. 北京：科学出版社，2013.

[53] 许家林. 论资源性资产管理的几个问题 [J]. 宏观经济研究，2005（1）：34－37.

[54] 薛澜，翁凌飞. 中国实现联合国2030年可持续发展目标的政策机遇和挑战 [J]. 中国软科学，2017（1）：1－12.

[55] 杨春鹏. 实物期权及其应用 [M]. 上海：复旦大学出版社，2003.

[56] 杨竞，杨继瑞. "供给侧结构性改革"背景下天然气分布式能源发展研究——以四川省为例 [J]. 四川师范大学学报（社会科学版），2016，43（6）：121－126.

[57] 叶张煌，王安建，闫强等. 全球天然气格局分析和我国的发展战略 [J]. 地球学报，2017，38（1）：17－24.

[58] 殷虹，庄妍. 天然气分布式能源项目投资管理及建议 [J]. 中国能源，2012，34（11）：32－35.

[59] 于建国. 从电荒、天然气合理利用论分布式能源 [J]. 化工技术经济，2005（11）：34－36.

[60] 袁家海，李文玉，张兴平. 分布式天然气冷热电联产经济性研究 [J]. 国际石油经济，2016，24（11）：61－68.

[61] 岳立，杨帆. 新常态下中国能源供给侧改革的路径探析——基于产能、结构和消费模式的视角 [J]. 经济问题，2016（10）：1－6＋97.

[62] 曾蔼珉. 投资决策中实物期权与NPV法的比较研究 [J]. 北方经贸，2018（1）：111－113.

[63] 曾刚，万志宏. 国际碳交易市场：机制、现状与前景 [J]. 中国金融，

2009（24）：48-50.

［64］曾勇，张淑英．中国全要素天然气利用效率区域差异性［J］．天然气工业，2018，38（12）：146-151.

［65］张莱楠．未米十年中国的重要战略机遇期——资源能源战略的视角［J］．发展研究，2013（3）：15-18.

［66］张永峰，贾承造，杨树锋，等．石油勘探项目放弃期权计算模型研究［J］．中国石油大学学报（自然科学版），2006，30（6）：137-140.

［67］赵立祥，汤静．中国碳减排政策的量化评价［J］．中国科技论坛，2018（1）：116-122.

［68］邹春蕾．我国首座五联供分布式能源站启动［N］．中国电力报，2014-08-19（07）.